Doris Astleitner • Elisabeth Krassnig • Gabriele Wehlend

Lern- und Arbeitstechniken im Deutschunterricht

Schritt für Schritt Lernkompetenz entwickeln

Mit Kopiervorlagen

BRIGG VERLAG

1. Auflage 2007

Originalausgabe © GS-Multimedia, Verlag Dr. Michael Lemberger, A-1170 Wien
www.gsmm.at

Covergestaltung und Illustrationen
Gernot Lauboeck, da
Graphic Design, Wien
www.lauboeckdesign.at

ISBN 978-3-87101-272-3

www.brigg-verlag.de

Themenkreis: **Informationstechnologie/Sport**

Themenkreis: **Ökologie**

Methodenzirkel

Warum ist der Aufbau einer Methodenkompetenz von Bedeutung?

Auch auf die Schule wirkt in den letzten Jahren ein beträchtlicher **Veränderungsdruck**. Die **Globalisierung, Internationalisierung** und **Technisierung** aller Lebensbereiche, die gestiegenen Erwartungen der Wirtschaft und die rasch sinkende Halbwertszeit alles Wissens verlangen von der Schule, dass sie sich mit diesen Anforderungen auseinandersetzt und Änderungen andenkt.

Von zentraler Bedeutung für Schüler/-innen und daher auch für uns Pädagog/-innen ist das **lebensbegleitende Lernen**, das Lösen von komplexen Aufgabenstellungen im Team. Der Erwerb von Wissen tritt zugunsten der Entwicklung und Förderung dynamischer Fähigkeiten und Fertigkeiten zurück. Selbstständigkeit, Entscheidungsfähigkeit, Teamfähigkeit, fachliche Kompetenz, Kooperation, ganzheitliches Betrachten von Problemstellungen, Problemlösungsvermögen, Flexibilität, Anpassungsfähigkeit, Kreativität und Kommunikation sind als grundlegende Kriterien in den Mittelpunkt der Persönlichkeitsbildung gerückt. Überall, in Schule, Ausbildung und Arbeitswelt gewinnen diese sogenannten **Schlüsselqualifikationen,** grundlegende Fähigkeiten und Fertigkeiten, die relativ unabhängig vom Verwendungsbereich sind, an Bedeutung.

Selbstbestimmtes Arbeiten und exemplarisches Lernen sollen Schüler/-innen zu flexiblen, dynamischen, kommunikativen und teamfähigen Menschen heranbilden.

Wie kann Methodenkompetenz aufgebaut und trainiert werden?

Der Schwerpunkt liegt in einem **Training diverser Lern- und Arbeitstechniken**, die den **Aufbau der Methodenkompetenz** unterstützen. Methodenkompetenz, die a.) die Autonomie und Selbstständigkeit des Schülers, der Schülerin erst möglich macht, b.) zu mehr Lernerfolg führt, c.) den Lehrer, die Lehrerin entlastet, d.) die Aneignung von Wissen erleichtert und e.) zu mündiger Selbstbestimmung führt.

Nicht das Tatsachenwissen steht im Vordergrund, wesentlich sind **spezifische Lern- und Arbeitstechniken** mittels derer der Schüler, die Schülerin sich seinen/ ihren eigenen Lernprozess gestalten und sich neues Wissen aktiv aneignen kann, transferierbare Verfahren, die immer wieder angewendet werden können und Zugänge zu

Wissen ermöglichen. Diese Lern- und Arbeitstechniken sind das nötige „Handwerkszeug“, das Schüler/-innen zu selbstbestimmtem, aktivem Handeln befähigt, bei der Bewältigung kommunikativer und kooperativer Aufgaben hilft und die **Entwicklung**, das **Training** und den **Transfer** der **Schlüsselqualifikationen** unterstützt.

Das Erlernen und Trainieren der Lern- und Arbeitstechniken gehört auch zu den **Aufgaben des Deutschunterrichts.** Dafür sind eigene Unterrichtssequenzen nötig, die die Aneignung von Wissen und die Weitergabe von Informationen, die Kom-munikationsfähigkeit, erleichtern.

Die Lern- und Arbeitstechniken sollen die Schüler/-innen aber nicht isoliert erlernen, sondern nur **in Beziehung zu bestimmten Inhalten** bzw. Sachverhalten. Im Deutschunterricht wird dies im Zusammenhang mit Sprechen, Schreiben, Lesen, Sprachbetrachtung und Rechtschreiben geschehen. Anknüpfungspunkte zu anderen Fächern unterstützen diesen Prozess (**fächerübergreifender und fächerverbindender Aspekt**).

Die _Lern- und Arbeitstechniken_ bieten zu fünf aktuellen Themenbereichen (Fantasie und Neugierde, Ökonomie, Medizin und Gesundheit, Informationstechnologie und Sport, Ökologie) je ein **zeit- und lebensnahes Thema,** anhand dessen relevante Lern- und Arbeitstechniken in Form von Arbeitsblättern eingeführt, trainiert und angewendet werden. Schritt für Schritt soll so bei den Schüler/-innen **Methodenkompetenz** aufgebaut werden.

Die _Lern- und Arbeitstechniken_ unterstützen den **fächerübergreifenden und fächerverbindenden Unterricht** und können auch im projektorientierten Arbeiten Verwendung finden.

Methodisch durchdachte Impulse und **klar formulierte Arbeitsanleitungen** schaffen die Voraussetzung für ein selbstständiges Arbeiten der Schüler/-innen.

Um auf die individuellen Bedürfnisse der Schüler/-innen eingehen zu können, ist der _Band_ **doppelt gegliedert:**

✓ **horizontal**: thematisch

✓ **vertikal**: methodisch

Jeder Lehrer, jede Lehrerin kann so seinen/ ihren individuellen Weg durch ein Thema bestimmen.

Die **vertikale Gliederung** beinhaltet Aktivierung, Training und Transfer. Die **Aktivierung** soll Lernbereitschaft herstellen, gibt genaue Anleitungen und Erklärungen zu den Lern- und Arbeitstechniken und ermöglicht ein erstes Erproben. Das **Training** stellt zu jedem Thema ein konkretes Differenzierungsangebot zur Verfügung, um die Lern- und Arbeitstechniken intensiv zu üben. Der **Transfer** bietet die Möglichkeiten zur Vertiefung und Anwendung der Lern- und Arbeitstechniken speziell im Fachbereich Deutsch.

AKTIVIERUNG	✓ Erproben, Kennenlernen
TRAINING	✓ Differenzierung
TRANSFER	✓ Vertiefung und Anwendung
DIAGNOSE	✓ Lernerfolgskontrolle

Die **horizontale Gliederung** ist dreiteilig und geht vom Thema aus.

1. **Informationserfassung**
2. **Informationsverarbeitung**
3. **Kommunikation** – mündliche und schriftliche Informationsweitergabe

Zu jedem Thema gibt es eine **Übersichtsseite,** die auf einen Blick alle Lern- und Arbeitstechniken zeigt, die vermittelt, trainiert und angewendet werden. Sie erleichtert dem Lehrer, der Lehrerin die Vorbereitung und kann in offenen Lernformen als Arbeitsplan eingesetzt werden.

	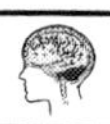	
Informations-erfassung	Informations-verarbeitung	Kommunikation – mündliche und schriftliche Informations-weitergabe

Der Bereich **Diagnose** bietet

✓ für die Hand des Schülers, der Schülerin jeweils eine Seite als Teil eines persönlichen Lerntagebuchs, um eigene Lernwege zu reflektieren.

✓ für die Hand des Lehrers, der Lehrerin einen Raster mit Bewertungskriterien, die eine detaillierte Rückmeldung erleichtern und ebenfalls ein Teil des persönlichen Lerntagebuchs jedes Schülers, jeder Schülerin sein sollen.

Das letzte Kapitel ist der **Methodenzirkel** zum Thema „Im Tierheim“. Hier trainiert der Schüler, die Schülerin bereits gelernte Lern- und Arbeitstechniken und erhält Gelegenheit Erprobtes anzuwenden.

Doris Astleitner

Elisabeth Krassnig

Gabriele Wehlend

Themenkreis: Fantasie und Neugierde

VON TROLLEN

UND ANDEREN FABELWESEN

	 Informationserfassung	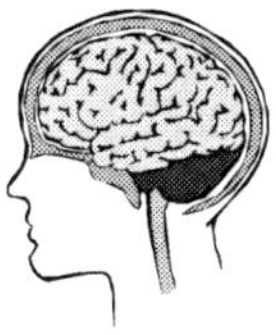 Informationsverarbeitung	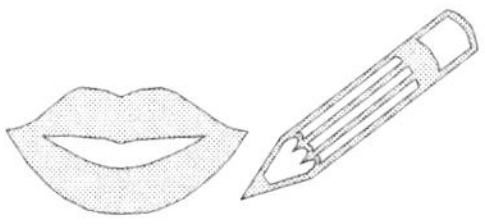 Kommunikation
Aktivierung	☐ Bemalen ☐ Ausschneiden	☐ Lückentext vervollständigen	☐ Nach Stichworten sprechen
Training	☐ Bemalen ☐ Ausschneiden	☐ Schreiben	☐ Fragen beantworten
Transfer	☐ Ausschneiden ☐ Ordnen ☐ Aufkleben	☐ Schreiben	☐ Vorsagen
Diagnose	**Lerntagebuch** für die Hand des Schülers/der Schülerin **Feed-back-Bogen** für die Hand des Lehrers/der Lehrerin		

Aktivierung I

TROLL
MEERJUNGFRAU
MINOTAUROS

Bemale die Fabelwesen mit mindestens fünf verschiedenen Buntstiften! Du hast dafür zehn Minuten Zeit!

Notiere in sechs Sätzen ein Gespräch zwischen Minotauros, Troll und Meerjungfrau!

Aktivierung II

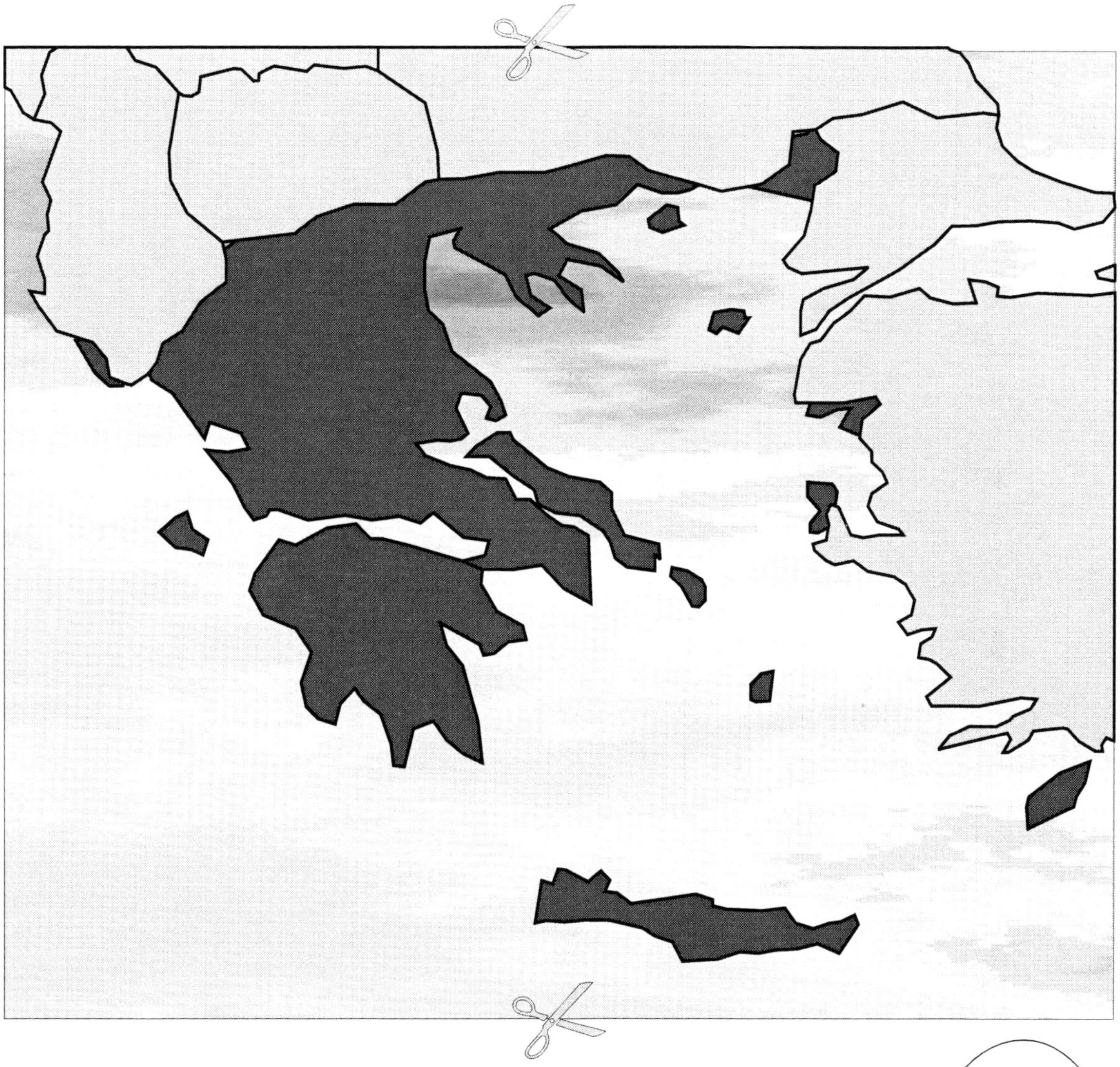

Schneide die Landkarte aus und klebe sie auf die dafür vorgesehene Seite (Seite 12)! Danach schneide den Minotauros genau aus und klebe ihn an jene Stelle der Landkarte, die Kreta – seine Heimat – zeigt!

Zu welchem Land gehört Kreta? Notiere die Antwort auf der nächsten Seite!

Aktivierung II

Training

Meerjungfrau

Ich lebe tief unter dem Meeresspiegel und kann dir Perlen und Schmuck schenken!

Troll

Ich bin sehr stark und böse!

Minotauros

Ich habe die Gestalt eines Stiers und eines Menschen und finde aus jedem Labyrinth heraus!

- Bemale die Fabelwesen mit mindestens fünf verschiedenen Buntstiften! Du hast dafür zehn Minuten Zeit!
- Schneide die Zeichnung aus und klebe sie auf die dafür vorgesehene Seite (Seite 14)!
- Schreibe jede Aussage zur passenden Figur!

Training

Transfer

Jede der kleinen Prinzessinnen hatte ihren kleinen Fleck im Garten, wo sie graben und pflanzen konnten, ganz wie sie wollten.

Seit langer Zeit waren die Athener dem König Minos von Kreta zu großen Opfern verpflichtet. Alle neun Jahre mussten sieben der schönsten Knaben und Mädchen nach Kreta gesandt werden.

Eine gab ihrem Blumenbeet die Gestalt eines Wales, einer anderen erschien es hübscher, dass das ihre einem Meerweiblein glich, aber die Jüngste machte ihr Beet ganz rund wie die Sonne und hatte nur Blumen darauf, die so rot wie diese leuchteten.

Vergeblich beschwor ihn sein Vater, von dem gefährlichen Abenteuer abzulassen. Doch der Jüngling war längst fest entschlossen, sein Leben einzusetzen. „Sei versichert", tröstete er den bekümmerten Vater, „dass ich wiederkehre".

Sie kannte keine größere Freude, als von der Menschenwelt zu hören, die alte Großmutter musste ihr alles erzählen, was sie wusste von den Schiffen und Städten, Menschen und Tieren.

Mit günstigem Fahrtwind gelangte Theseus mit seinen Gefährten nach Kreta und trat vor den König Minos hin. Als des Königs Tochter Ariadne den herrlichen Jüngling erblickte,fasste sie tiefe Zuneigung zu ihm. „Ich will dir helfen,den schweren Kampf zu bestehen", flüsterte sie ihm zu und dabei händigte sie ihm ein Garnknäuel aus. „Knüpf es am Eingang des Labyrinths an und lasse es ablaufen, während du durch die verwirrenden Irrgänge schreitest. So wirst du den Rückweg nicht verfehlen!"

Ganz besonders wunderbar und herrlich erschien es ihr, dass oben auf der Erde die Blumen dufteten. Denn das taten sie auf dem Meeresboden nicht, und dass die Wälder grün waren und die Fische, die man dort auf den Zweigen sieht, so laut und lieblich singen konnten, dass es eine Lust war.

Dort wurden sie dem grässlichen Minotauros, einem Wesen, das halb Stier, halb Mensch war, in dem von Daidalos erbauten Irrgarten zum Fraße vorgeworfen. Theseus erbot sich freiwillig, nach Kreta zu ziehen. Nicht als hilfloses Opfer wollte er vor den König Minos treten, sondern um das schreckliche Wesen in seinem Irrgarten zu erlegen und damit die Stadt Athen zu befreien.

„Wenn ihr euer fünfzehntes Jahr erreicht habt", sagte die Großmutter, „so werdet ihr die Erlaubnis bekommen, aus dem Meere emporzutauchen, im Mondschein auf den Felsen zu sitzen und die großen Schiffe vorbeisegeln zu sehen, auch die Wälder und Städte sollt ihr dann sehen!"

Voller Zuversicht drang Theseus in das Labyrinth ein, bis er zu der Stelle kam, wo der Minotaurus hauste. Mutig stellte der Held das Untier zum Kampfe und erschlug es. Der Faden der Ariadne führte ihn sicher aus dem Gewirr der engen Gänge zurück zu den ängstlich wartenden Knaben und Mädchen, die er am Eingang der Höhle zurückgelassen hatte und die ihn nun mit großer Freude begrüßten, und sogleich rüsteten Theseus und die Gefährten wieder zur Abfahrt.

nach: www.gutenberg.aol.de

Schneide die Textteile aus und klebe sie geordnet auf die dafür vorgesehene Seite (Seite 16), dass sie zwei sinnvolle Textanfänge ergeben! Beginne mit den unterstrichenen Teilen und achte auf die Schriftarten!

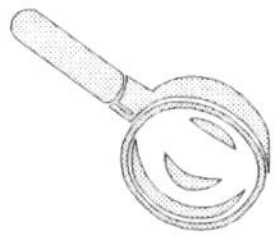

Transfer

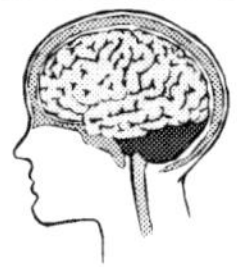

Aktivierung I

Troll, im Volksglauben ein den Menschen feindselig gesinnter Dämon. Die Trolle hausten in . . . . . . oder in Schlössern auf Bergspitzen. Sie entführten und . . . . . . jeden Reisenden, der sich nach Anbruch der . . . . in ihr Gebiet wagte. Sie waren von riesiger Gestalt, dickhäutig und nur in einem Punkt . . . . : Wenn man sie bei Sonnenlicht fing, ... oder platzten sie. In späteren Sagen waren Trolle weniger Furcht einflößend und böswillig. Sie verübten boshafte Taten, wie den Raub von . . . . und verfügten über magische Fähigkeiten.

(Microsoft, encarta, Enzyklopädie 99)

Dunkelheit – aßen – versteinerten – Höhlen – verletzbar – Mädchen

Minotauros (auch: *Minotaurus*), in der griechischen Sagenwelt ein Ungeheuer mit Stierkopf und . . . . Er war der Sohn der Königin von Kreta und eines . . . . Stieres. Nachdem sie den Minotauros geboren hatte, beauftragte König Minos den Architekten und Erfinder Daidalos mit dem Bau eines komplizierten . . . . , aus dem man ohne Hilfe nicht entkommen konnte. Hier wurde der Minotauros gefangen gehalten und mit . . . . gefüttert, je sieben Burschen und sieben Mädchen aus Athen, die die Athener jährlich als . . . . . . an Minos senden mussten.

(Microsoft, encarta, Enzyklopädie 99)

schneeweißen – Menschenleib – Labyrinths – Gebühr – Menschenopfern

Ergänze die Lückentexte mit den Wörtern aus den Kästchen!

Unterstreiche dir unbekannte Wörter und kläre ihre Bedeutung mit Hilfe eines Wörterbuchs!

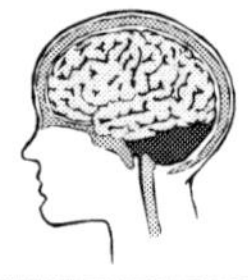

Aktivierung II

Weit draußen im Meere ist das Wasser so blau wie die . . . . der schönsten Kornblume und so klar wie das reinste Glas, aber es ist dort sehr tief, tiefer als irgendein Ankertau reicht, viele . . . . müssten aufeinandergestellt werden, um vom Grunde bis über das Wasser zu reichen. Dort unten wohnt das . . . . An der allertiefsten Stelle liegt des Meerkönigs Schloss. Die Mauern sind aus . . . . und die langen spitzen Fenster von allerklarstem Bernstein. Das . . . . aber besteht aus Muschelschalen, die sich öffnen und schließen, je nachdem wie das Wasser strömt; das sieht prächtig aus, denn in jeder liegen strahlende . . . . . . , eine einzige davon würde der Stolz einer Königskrone sein. Der Meerkönig dort unten war seit vielen Jahren Witwer, aber seine alte . . . . . . besorgte sein Haus. Sie war eine kluge Frau, doch recht stolz auf ihren Adel, deshalb trug sie zwölf Austern auf dem Schwanze während die anderen Vornehmen nur . . . . tragen durften. Sonst verdiente sie großes Lob, besonders weil sie die kleinen Meerprinzessinnen, ihre . . . . , so liebte. Das waren sechs prächtige Kinder, aber die Jüngste war die Schönste von allen. Ihre Haut war so . . . . wie ein Rosenblatt, ihre Augen so blau wie die tiefste See, aber sie hatte keine Füße. Ihr Körper endete in einem . . . .

(Gutenberg.aol.de: Die kleine Seejungfer, H. Chr. Andersen, gekürzt)

Kirchtürme – Korallen – Fischschwanz – Blütenblätter – Enkelinnen
Dach – Mutter – klar und zart – Meervolk – Perlen – sechs

Ergänze den Lückentexte mit den Wörtern aus dem Kästchen!

Unterstreiche dir unbekannte Wörter und kläre ihre Bedeutung mit Hilfe eines Wörterbuchs!

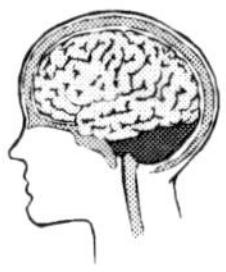

Training I

GESUCHT:
Troll

Aussehen: ____________________

Eigenschaft: ____________________

____

Wohnort: ____________________

Verhalten: ____________________

____

Verwundbarkeit: ____________________

____

In der Dämmerung entführen sie Reisende.

Sie wohnen in Höhlen und in Schlössern auf Bergspitzen.

Das Sonnenlicht versteinert sie oder lässt sie platzen.

Sie besitzen Zauberkraft und können sich verwandeln.

Sie sind dickhäutig und von riesiger Gestalt.

Verfasse mit den Informationen im Kästchen einen Steckbrief von einem Troll!
Verwende dabei nicht die ganzen Sätze, sondern verkürze sie zu Stichworten!

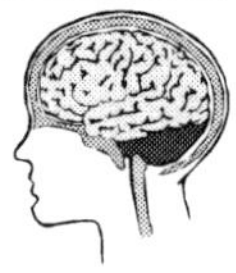

Training II

GESUCHT:
Minotauros

Aussehen: ____________________________________

____

Eltern: ______________________________________

____

Wohnort: ____________________________________

Nahrung: ____________________________________

____

Er hat den Kopf eines Stiers und den Leib eines Menschen.

Sein Vater ist ein schneeweißer Stier, und seine Mutter ist die Königin von Kreta.

Er wohnt in einem kompliziert gebauten Labyrinth auf Kreta.

Er frisst gerne Knaben und Mädchen aus Athen.

Verfasse mit den Informationen im Kästchen einen Steckbrief von einem Minotauros!
Verwende dabei nicht die ganzen Sätze, sondern verkürze sie zu Stichworten!

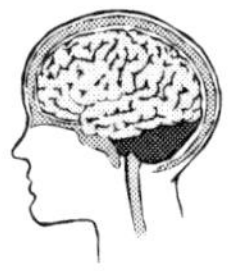

Training III

GESUCHT: Schloss der Meerjungfrau

Lage: ______________________

Mauern: ______________________

Fenster: ______________________

Dach: ______________________

Bewohner: ______________________

Es liegt weit draußen im Meer – an der tiefsten Stelle.

Das Dach besteht aus Muschelschalen, in denen Perlen liegen.

Die Fenster bestehen aus klarem Bernstein.

Die Meerjungfrau, der Meerkönig, ihre Großmutter und ihre fünf Geschwister wohnen im Meeresschloss.

Die Mauern sind aus Korallen.

Verfasse mit den Informationen im Kästchen eine Beschreibung des Schlosses!
Verwende dabei nicht die ganzen Sätze, sondern verkürze sie zu Stichworten!

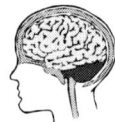

Transfer I

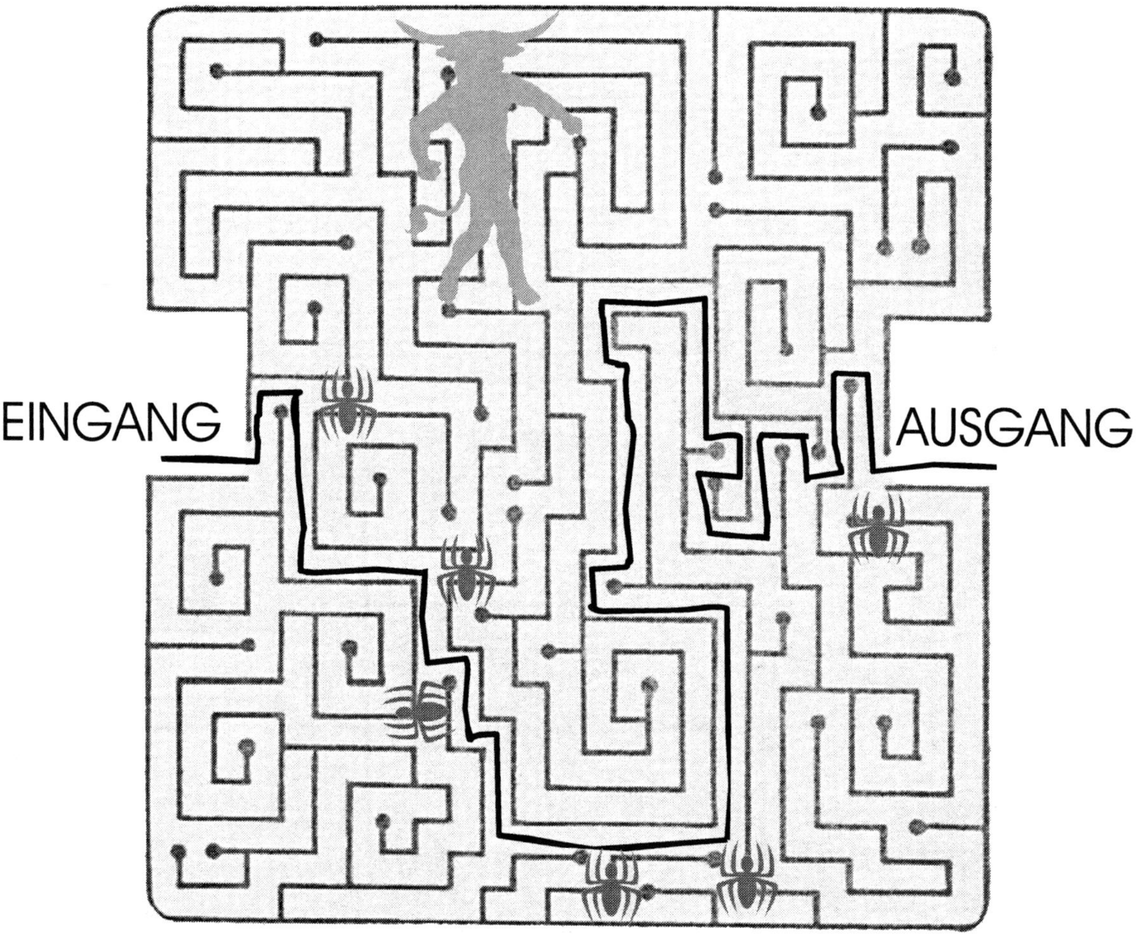
EINGANG
AUSGANG

Nimm beim Eingang den linken Weg und folge ihm bis zur ersten Spinne.

Du stehst vor diesem Symbol und biegst nach rechts ab.

Danach gehe den Gang (bis zur / entlang / nächsten Spinne).

Biege hier rechts ab, (kommst / zum dritten Achtbeiner / bis du).

Vor ihm stehend (links ab / dem Labyrinthpfad / und folgst / bis zur nächsten Kreuzung / biegst du).

Halte dich links, (dann / zu zwei weiteren Spinnen / gelangst du).

An ihnen vorbei (sofort wieder / musst du / in den Weg einbiegen / links).

Diese Route führt dich (eine ganze Weile / deinem Ziel entgegen / ohne Abzweigungsmöglichkeiten).

Einmal gelangst du noch (wählen musst / bei der du den linken Gang / an eine Pfadkreuzung,).

Stehst du vor der letzten Spinne (bereits das Licht des Ausgangs / siehst du).

Schreibe den Weg durch das Labyrinth auf die dafür vorgesehene Seite (Seite 23)! Achte auf die Spinnensymbole; sie weisen dir den Weg zum Ausgang! Die Satzanfänge und die vertauschten Satzteile im Kästchen helfen dir!

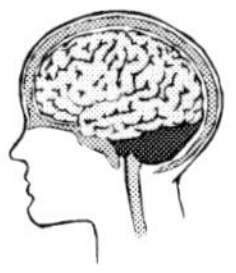

Transfer I

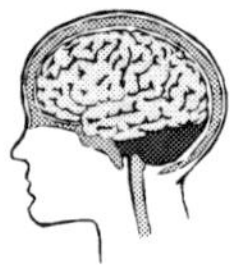

Transfer II

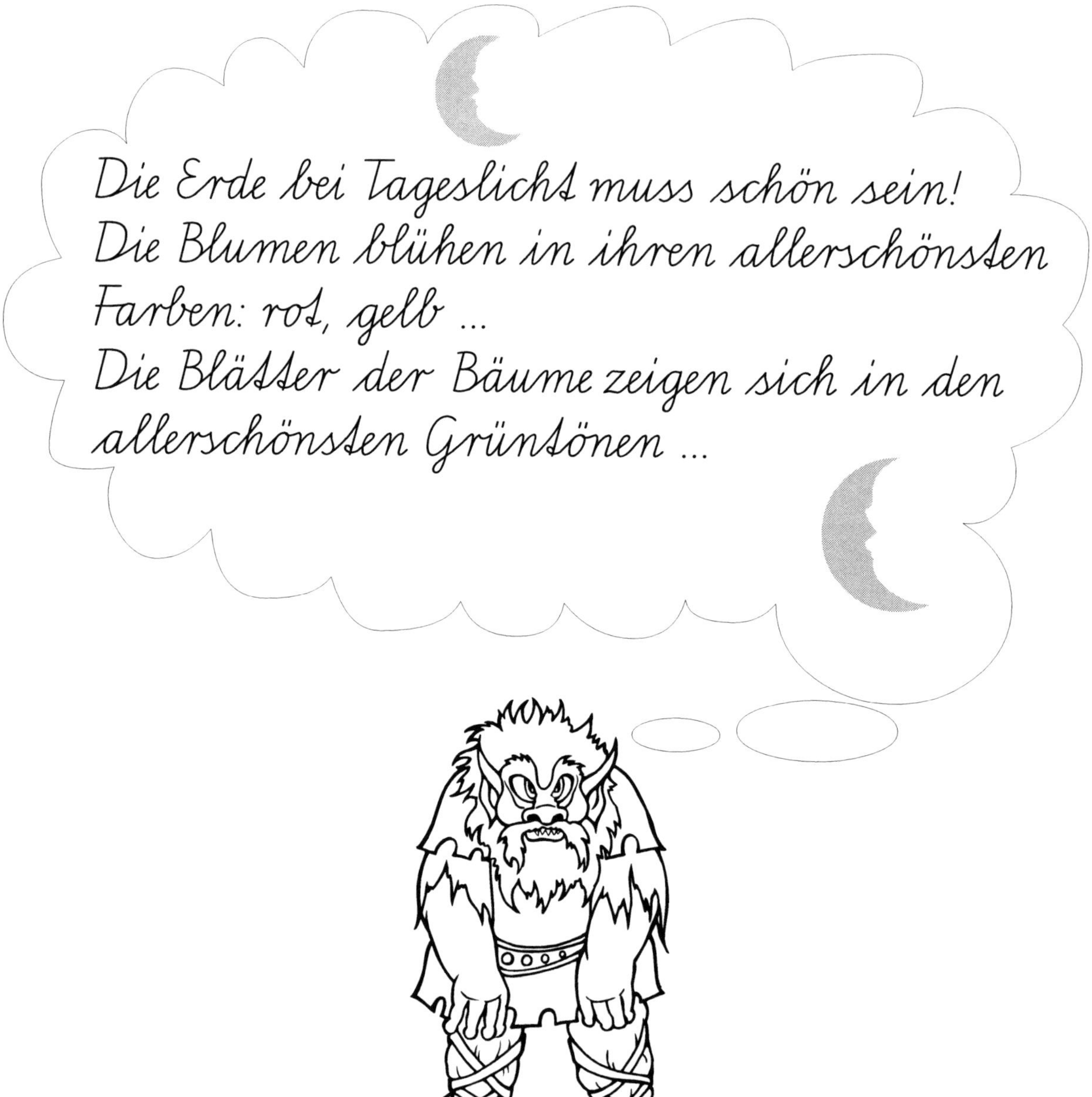
Die Erde bei Tageslicht muss schön sein!
Die Blumen blühen in ihren allerschönsten Farben: rot, gelb ...
Die Blätter der Bäume zeigen sich in den allerschönsten Grüntönen ...

Wie erträumt sich der Troll die Erde bei Sonnenlicht?
Setze seine Gedanken schriftlich fort!

Male ein passendes Bild zu deinem Text!

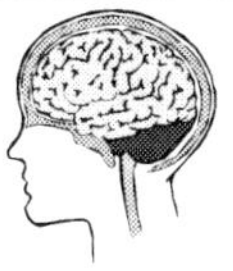

Transfer III

Gestern sah ich einen jungen Wassermann an mir vorbeischwimmen! Der war sehr muskulös und hatte eine schöne, hellgrüne Gesichtsfarbe. Ich versteckte mich hinter einem Algengestrüpp und wartete. Doch plötzlich schwamm ein Zitteraal an mir vorüber und ich musste die Flucht ergreifen ...

Wa••♏❒mann kehrt zurück

Hilfe durch Za◆♌♏❒•tab

Einlad◆■♑ ♋◆♐ ♎♋• ⌖♋ssermann-Schloss

Schreibe das Abenteuer der kleinen Meerjungfrau weiter!
Die verschlüsselten Wortgruppen können dir dabei helfen!

Aktivierung I

Troll

⇨ Dämon, der den Menschen feindlich gesinnt ist

⇨ Wohnung ⇨ in Höhlen und in Schlössern auf Bergspitzen

⇨ in der Dämmerung ⇨ Entführung der Menschen ⇨ frisst sie

⇨ ihr Schwachpunkt ⇨ das Tageslicht
⇨ sie werden zu Stein oder platzen

Lies die Stichworte vom Notizzettel einige Male durch! Trage danach die Informationen über den Troll als kurzes Gespräch deinen Lernpartnerinnen, deinen Lernpartnern vor!

Hilfe:
Überlege dir einen Einleitungs- und einen Schlusssatz!
Sprich in ganzen Sätzen, langsam und deutlich!
Mach zwischen den einzelnen Aufzählungen eine kurze Sprechpause!

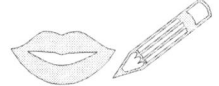

Aktivierung II

Minotauros

⇨ Ungeheuer ⇨ Kopf eines Stiers, Körper eines Menschen

⇨ Wohnort ⇨ kompliziertes Labyrinth ⇨ Insel Kreta ⇨ griech. Insel im Mittelmeer

⇨ alle neun Jahre ⇨ sieben Knaben und Mädchen zum Fressen vorgeworfen ⇨ Opfergabe

Lies die Stichworte vom Notizzettel einige Male durch! Trage danach die Informationen über den Minotauros als kurzes Gespräch deinen Lernpartnerinnen, deinen Lernpartnern vor!

Hilfe:
Überlege dir einen Einleitungs- und einen Schlusssatz!
Sprich in ganzen Sätzen, langsam und deutlich!
Mach zwischen den einzelnen Aufzählungen eine kurze Sprechpause!

Aktivierung III

Meerjungfrau
⇨ Körper endet in einem Fischschwanz

⇨ Augen ⇨ Blau

⇨ Meerjungfrau ⇨ Jüngste von fünf Geschwistern

⇨ Lebensraum ⇨ Schloss an der tiefsten Stelle des Meeres

⇨ Vater Witwer ⇨ erzieht die Kinder mit Hilfe der Großmutter

Lies die Stichworte vom Notizzettel einige Male durch! Trage danach die Informationen über die Meerjungfrau als kurzes Gespräch deinen Lernpartnerinnen, deinen Lernpartnern vor!

Hilfe:
Überlege dir einen Einleitungs- und einen Schlusssatz!
Sprich in ganzen Sätzen, langsam und deutlich!
Mach zwischen den einzelnen Aufzählungen eine kurze Sprechpause!

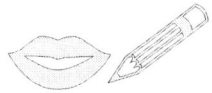

Training

Wo hausen Trolle?

Wann überfallen Trolle ihre Opfer?

Was macht Trolle verwundbar?

Beschreibe das Aussehen von Minotauros!

Wo wird Minotauros gefangen gehalten?

Wovon ernährt sich Minotauros?

Wo liegt des Meerkönigs Schloss?

Wie viele Austern trägt die Mutter des Meerkönigs?

Wie viele Geschwister hat die jüngste Seejungfer?

Schneide die Fragekärtchen aus und klebe die passenden Antwortkärtchen (Seite 30) auf ihre Rückseiten!

Vergleiche deine Arbeit mit der deiner Lernpartnerin, deines Lernpartners!

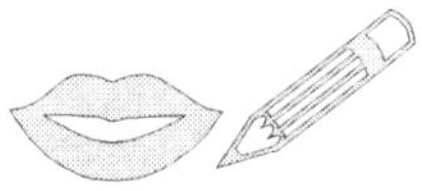

Training

nach Einbruch der Dunkelheit

in Höhlen, in Schlössern auf Bergspitzen

das Sonnenlicht

Menschenopfer (sieben Knaben und Mädchen)

in einem Labyrinth

Stierkopf und Menschenleib

fünf

an der tiefsten Stelle – weit draußen im Meer

zwölf

Schneide die Antwortkärtchen aus!

Transfer

Die kleine Meerjungfrau

Weit draußen, wo das Meer sehr tief ist, lebte der Meerkönig in einem prächtigen Schloss, das von einem prunkvollen Garten umgeben war. Seine Frau war vor vielen Jahren gestorben und so bewohnte er sein Schloss zusammen mit seiner Mutter und seinen sechs Töchtern, den kleinen Meerprinzessinnen.

Die Jüngste von ihnen war ein seltsames Kind, still und nachdenklich, doch sie hatte die schönste Stimme von allen. Die kleine Prinzessin kannte keine größere Freude, als der Großmutter zuzuhören, wenn diese über die Menschenwelt erzählte.

„Wenn ihr euer fünfzehntes Lebensjahr erreicht habt“, sagte die Großmutter, „werdet ihr die Erlaubnis bekommen aus dem Meer aufzutauchen, auf den Klippen zu sitzen und die Menschen zu beobachten.“ Keine erwartete den Tag so sehnsuchtsvoll wie die Jüngste, aber sie musste noch fünf Jahre warten.

Im nächsten Jahr wurde die älteste Schwester fünfzehn Jahre alt und durfte aus dem Meer aufsteigen. Als sie zurückkehrte, wusste sie von hundert Dingen zu erzählen: vom herrlichen Mondschein, von großen Städten, Lichtern, Musik, Kirchtürmen und Glocken. Und die Jüngste sehnte sich immer mehr danach, das alles zu sehen.

Endlich war auch die kleine Schwester fünfzehn Jahre alt. Die Sonne war gerade untergegangen, als sie sich aus dem Wasser erhob. Da lag ein großes Schiff, von dem Musik und Gesang herüberklang; hunderte von bunten Lichtern waren angezündet. Die Seejungfrau schwamm dicht heran und sah elegant gekleidete Menschen, aber der schönste war ein junger Prinz.

Es war sein Geburtstag, der gefeiert wurde und bunte Raketen erleuchteten den Himmel.

Es wurde spät, doch die kleine Prinzessin konnte die Augen nicht von dem Jungen wenden.

Plötzlich gingen die Wogen höher und dunkle Wolken zogen auf. Ein Gewitter war im Anzug.

Die Wellen stiegen auf wie große, schwarze Berge und verschluckten das Schiff. Zwischen den Trümmern sah sie den jungen Prinzen verzweifelt um sein Leben kämpfen. Er wäre gestorben, wenn nicht die kleine Seejungfrau dazugekommen wäre. Als das Unwetter vorbei war, legte sie ihn in den Sand einer kleinen Bucht. Es dauerte nicht lange, da fand ein junges Mädchen den Prinzen am Strand – gerade in dem Moment, als er erwachte. Daher tauchte die Seejungfrau ins Wasser hinab und kehrte zurück ins Schloss ihres Vaters.

Doch die Sehnsucht nach dem Prinzen wurde unerträglich. Sie fand heraus, wo er wohnte und verbrachte manche Nacht vor seinem Schloss. Sie hörte, dass viel Gutes von dem jungen Prinzen berichtet wurde und sie musste immerzu daran denken, wie sie ihn innig geküsst hatte, als sie mit ihm über die Wogen trieb. Aber er wusste nichts davon.

Immer mehr liebte sie die Menschen und wünschte sich nichts sehnlicher als selbst wenigstens für einen Tag ein Mensch zu sein.

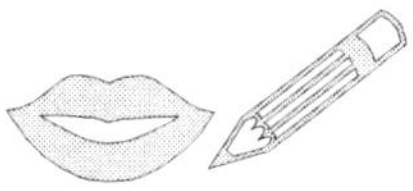

Transfer

Die Tage vergingen, aber die Prinzessin konnte den jungen Mann nicht vergessen. So fasste sie sich ein Herz und ging zur Meerhexe, um sie um Hilfe zu bitten.
„Ich weiß schon, was du willst", krächzte die Hexe, „du willst deinen Fischschwanz gegen das eintauschen, was die Menschen Beine nennen. Ich werde dir einen Trunk bereiten, der deinen Schwanz schrumpfen lässt, und du wirst einen wunderschönen, schwebenden Gang bekommen. Bedenke aber, hast du erst menschliche Gestalt angenommen, kannst du nie wieder eine Seejungfrau werden und zu deiner Familie zurückkehren. Und wenn es dir nicht gelingt, die Liebe des Prinzen zu erringen, sodass ihr Mann und Frau werdet, so wird dein Herz brechen und du wirst zu Schaum auf dem Wasser." „Ich will es trotzdem!", sagte die Meerjungfrau.
In der Nacht stieg sie durch die See empor und setzte sich auf einen Stein in der Nähe des Schlosses. Dann trank sie den scharfen, bitteren Trunk und sie spürte, wie sie ohnmächtig wurde.
Als sie am Morgen erwachte, stand der schöne, junge Mann vor ihr. Der Prinz war entzückt von ihrem Anblick und nahm sie mit auf sein Schloss. Tag für Tag wurde sie ihm lieber und sie unternahmen alles gemeinsam. „Du musst immer bei mir bleiben", sagte der Prinz, du bist mir die Liebste von allen." Aber sie zu seiner Königin zu machen, kam ihm nicht in den Sinn, denn: „Die einzig Frau, die ich lieben könnte, ist jenes Mädchen, das mir das Leben gerettet hat. Doch ich werde sie wahrscheinlich nie wieder finden", sagte er oft.
Aber bald sollte sich der Prinz verheiraten mit der schönen Tochter des Nachbarkönigs. Alle Kirchenglocken erklangen, als der Prinz mit seinem Schiff in den Hafen der prächtigen Stadt des Nachbarkönigs einfuhr. Endlich traf auch seine Braut ein. „Du bist es!", rief der Prinz überglücklich, „du hast mich gerettet, als ich wie tot an der Küste lag!"
Nun wusste die kleine Seejungfrau, dass ihre Todesnacht nicht mehr fern war.
Am Abend wurde das Schiff hell erleuchtet, es wurde getanzt und gelacht und die Meerprinzessin dachte wehmütig an den Abend, an dem sie zum ersten Mal aus dem Meer aufgetaucht war. Sie wusste auch, dass es ihre letzte Nacht war und dass die ersten Sonnenstrahlen sie töten würden.
Ein allerletztes Mal warf sie einen Blick auf den Menschen, für den sie ihre Heimat verlassen hatte. Sie küsste ihn auf seine schöne Stirn.
Dann stürzte sie sich vom Schiff ins Meer und spürte, wie sich ihr Körper in Schaum auflöste.
(Gutenberg.aol.de: Die kleine Seejungfer, H. Chr. Andersen , gekürzt)

Lies den Text genau durch und erzähle die Geschichte mit eigenen Worten nach!

Nimm die Erzählung auf Kassette auf und spiele sie deiner Lernpartnerin, deinem Lernpartner vor!

Diagnose **Feed-back-Bogen**

VON TROLLEN

UND ANDEREN FABELWESEN

Name:________________________________

BEMALEN, AUSSCHNEIDEN, ORDNEN, AUFKLEBEN

- ☐ Flächen exakt bemalt
- ☐ Verschiedene Buntstifte verwendet
- ☐ Vorgegebenen Zeitrahmen eingehalten
- ☐ Kanten ordentlich ausgeschnitten
- ☐ Sorgfältig aufgeklebt
- ☐ Verflochtene Texte richtig geordnet

LÜCKENTEXT VERVOLLSTÄNDIGEN, SCHREIBEN

- ☐ Lösungswörter richtig zugeordnet
- ☐ Unbekannte Begriffe erklärt
- ☐ Informationssätze in Stichworte umgewandelt
- ☐ Informationen richtig zugeordnet
- ☐ Einen Text zu Stichworten verfasst
- ☐ In ganzen Sätzen geschrieben
- ☐ Verständlich, ohne Gedankensprünge erzählt
- ☐ Hilfestellungen angenommen
- ☐ Sätze miteinander durch Konjunktionen verbunden

NACH STICHWORTEN SPRECHEN, VORTRAGEN

- ☐ In ganzen Sätzen gesprochen
- ☐ Deutlich gesprochen
- ☐ Alle Informationen aus dem Stichwortzettel verwendet
- ☐ Frage und Antwort richtig zugeordnet
- ☐ Lebendig gesprochen
- ☐ Den Inhalt verständlich erzählt

Persönliche Bemerkungen:

Diagnose **Lerntagebuch**

VON TROLLEN

UND ANDEREN FABELWESEN

Ein Tagebuch dient dazu, seine Erlebnisse, Gefühle und Gedanken aufzuschreiben. Das Lerntagebuch soll dir helfen, dein eigenes Lernen genauer unter „die Lupe zu nehmen“, deine Stärken und Schwächen besser einzuschätzen und selbstständig zu überlegen, was du noch besser machen könntest. Schreibe daher nach dem Bearbeiten der einzelnen Aufgaben zum Thema „Von Trollen und anderen Fabelwesen“ auf, was du gelernt hast, was du bereits gut kannst, was dir Spaß gemacht hat und was noch Probleme bereitet!

Das habe ich gelernt:

Besonders leicht gefallen ist mir:

Das gefiel mir besonders gut:

Das muss ich noch üben:

Themenkreis: Ökonomie

ABENTEUER SCHULE

	 Informationserfassung	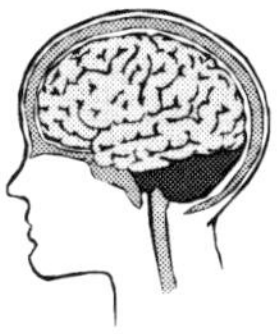 Informationsverarbeitung	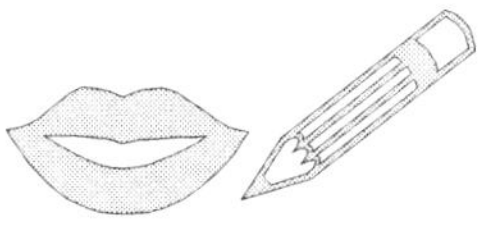 Kommunikation
Aktivierung	☐ Lesen – die Augen-muskulatur trainieren	☐ Sinnerfassend lesen ☐ Regeln für das Vorlesen erschließen	☐ Schreiben
Training	☐ Lesen – die Fixationsbreite erweitern	☐ Sinnerfassend lesen ☐ Regeln für das Vorlesen erschließen	☐ Einen Comic entwerfen
Transfer	☐ Lesen – die rasche Wortauffassung trainieren	☐ Auswendig lernen	☐ Ein Analogie-gedicht schreiben
Diagnose	**Lerntagebuch** für die Hand des Schülers/der Schülerin **Feed-back-Bogen** für die Hand des Lehrers/der Lehrerin		

Aktivierung

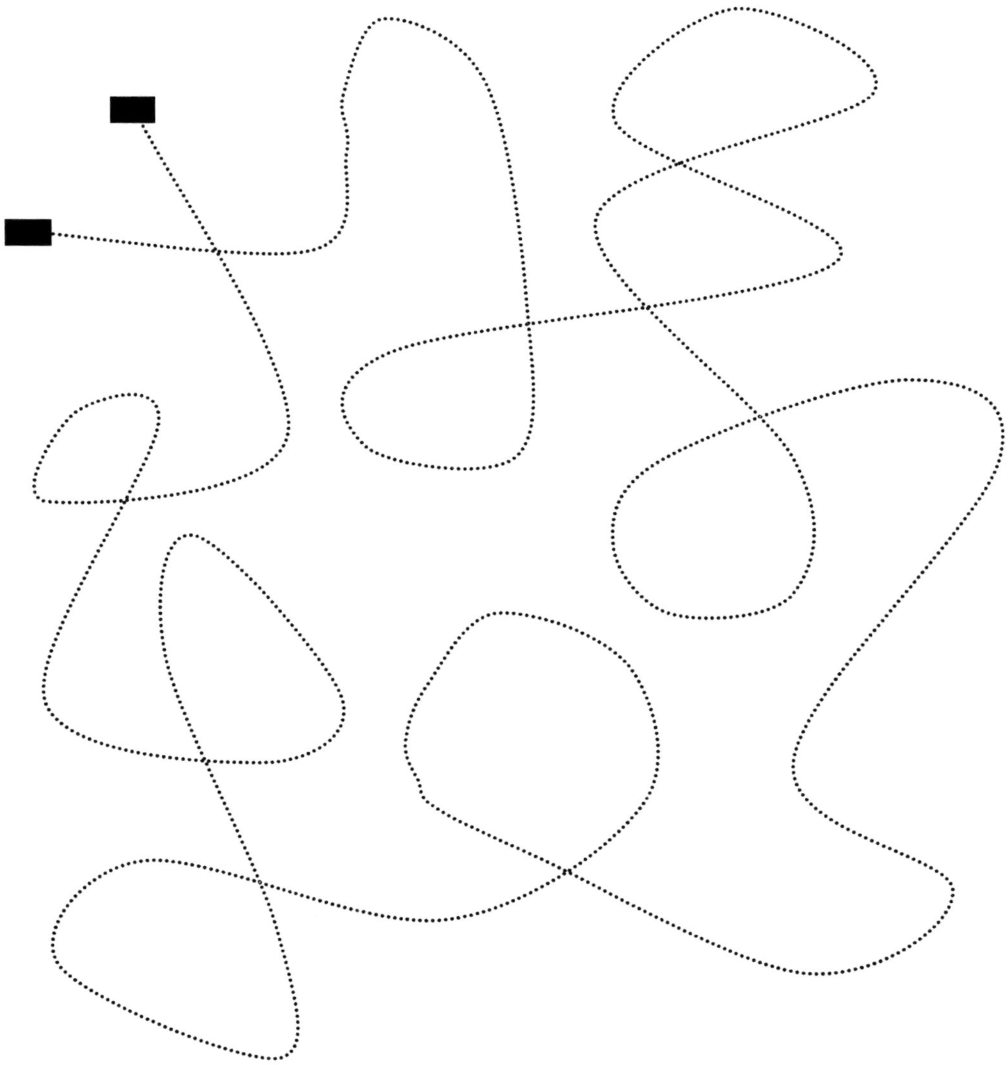

Mit dieser Aufgabe bereitet du dich auf das Lesen eines Textes vor! Beginne mit einem schwarzen Feld und folge der Spur nur mit den Augen, halte dabei aber den Oberkörper und den Kopf völlig ruhig! Wechsle auch die Richtung!

Steigere das Tempo bei einem zweiten Durchgang!

Training

Test
Musik
Schule
Schüler
Direktor
Zeugnis
Prüfung
Biologie
Sportfest
Professor
Schulwart
Konferenz
Vorladung
Schularbeit
Schulgarten
Mathematik
Nachprüfung
Gangaufsicht
Klassenzimmer
Zeugnisverteilung
Wiederholungsprüfung

Biologie

Nimm eine Kartonkarte und schneide mit einer Schere ein Sichtfenster ein, das so lang wie die unterste Textzeile und so hoch wie eine Zeile ist!

Mit dieser Aufgabe bereitest du dich auf das Lesen eines Textes vor und lernst, immer längere Wörter „auf einen Blick“ aufzunehmen! Lege die Kartonkarte so auf, dass das erste Wort „Test“ im Sichtfenster zu sehen ist! Lies das Wort, indem du es mit nur einem Blick fixierst!

Schiebe anschließend die Karte sofort zum nächsten Wort weiter!

Transfer

Sommer	Traum	Lider	abstimmen
Sahne	Tadel	Last	Abschied
Schule	Tiger	Lust	abschreiben
Schaf	Tafel	Lehrer	Anzeige
Samen	Tisch	Liste	Anzug
Sorte	Tinte	Lohn	Affe
Schulhaus	Turnsaal	Lippe	Anfang

Biene	Gämse	marschieren	Dachs
beißen	Geografie	Musik	Dach
Biologie	Geiz	Miene	Diener
beinahe	Glatteis	Miete	Deutsch
bleiben	gießen	Mathematik	direkt
Bär	Geschichte	mieten	draußen
biegen	Grube	Meise	duften

Pappe	Klavier	Duft	Hals
Palme	Kuchen	Direktor	Hase
Professor	Kalk	Diesel	Heft
Pedal	Klima	Diener	Hose
Pause	Klasse	direkt	Hast
Perle	König	dazwischen	husten
Pfand	Koch	darum	Hummel

Mit dieser Aufgabe bereitet du dich auf das Lesen eines Textes vor und lernst Wörter möglichst rasch zu lesen! In jedem Feld stehen Begriffe zum Thema „Schule“! Markiere mit einem Textmarker nur diese Wörter!

Du hast zur Bearbeitung für jedes Feld ungefähr 30 Sekunden Zeit!

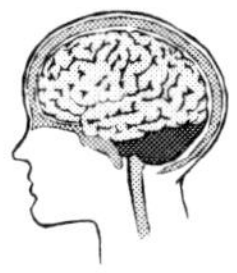

Aktivierung I

Wie lese ich einen Text vor?

AUF DAS VORLESEN / BEREITE DICH / DEINES TEXTES/ SORGFÄLTIG VOR!

LIES DEN TEXT/ SODASS DU DEN INHALT/ MEHRMALS AUFMERKSAM DURCH,/ SEHR GUT VERSTEHST!

UND LASS EINE KASSETTE MITLAUFEN! /MACH ZU HAUSE / EINE PROBE

KEINE SILBEN! / SPRICH DEUTLICH/ UND VERSCHLUCKE

DEN TEXT GUT / AUCH WENN DU / TRAGE NICHT/ ZU SCHNELL VOR,/ KENNST!

MITDENKEN KÖNNEN! / MACHE NACH JEDEM PUNKT/ DAMIT DIE ZUHÖRER UND ZUHÖRERINNEN/ EINE PAUSE,/ BESSER

ODER SÄTZE/ HERVOR!/ HEBE/ WICHTIGE SATZTEILE / DURCH LAUTERES UND LANGSAMERES SPRECHEN

MIT DEN HÄNDEN!/ VOR DEN ZUHÖRERN UND ZUHÖRERINNEN/ STEHE MÖGLICHST RUHIG/ UND FUCHTLE NICHT

BLICKKONTAKT/ WÄHREND DES VORLESENS!/ HALTE

Ordne die Satzteile so, dass sich sinnvolle Tipps für das Vorlesen eines Textes ergeben! Schreibe die Sätze in die Zeilen!

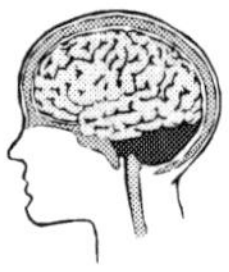

Aktivierung II

Monika Pelz

Die Kinder von Marienthal

Vorweihnachtszeit 1932. Eine junge Lehrerin liest die Aufsätze ihrer Schüler: „Wenn der Vater Arbeit hätte, hätte ich mir gewünscht: eine Geige, einen Anzug, Malfarben, einen Pinsel, ein Buch, Schlittschuhe und einen Wintermantel."

Aber im ganzen Ort gibt es keinen mehr, der Arbeit hat. Die Textilfabrik ist vor mehr als einem Jahr zugesperrt worden. Von der Textilfabrik haben sie alle hier gelebt. Männer, Frauen, auch Kinder wurden im Werk beschäftigt. Nun sind die Fabrikshallen abgerissen, das Gelände ist eine Schutthalde. Die Bevölkerung von Marienthal lebt von staatlichen oder privaten Hilfen. Es kommt der Lehrerin vor, als ob sie erst jetzt das ganze Ausmaß des Elends in diesem Ort begreift. Voll Erwartung hatte sie im Herbst die Stelle hier angetreten. Obwohl auch in Wien die Arbeitslosigkeit hoch ist, hat sie doch nicht mit einer solch allgemeinen Armut gerechnet. Hätte sie sonst das Aufsatzthema „Was ich mir vom Christkind wünsche" gegeben?!

Die Lehrerin versuchte zu helfen, wo es ging. Sie setzte in der Gemeinde durch, dass Schulgeräte und Spielzeug an die Kinder verteilt wurden. Sie ging zu den Eltern ihrer Schüler und fragte, was am dringendsten benötigt wurde. Aber alles war nur ein Tropfen auf dem heißen Stein. Was die Marienthaler brauchten war Arbeit und Lohn. Nun bastelte die Lehrerin mit ihren Schülern kleine Geschenke für Eltern und Geschwister. Als sie durch die Bankreihen schritt, bemerkte sie, dass Lotti weinte. Das Mädchen saß still, die Flechtarbeit im Schoß, und weinte. Die Lehrerin beugte sich hinunter. „Bleib in der Pause hier", sagte sie leise. Sie wusste inzwischen: Die Kinder redeten vor den anderen nicht gern über die Not in der Familie.

Lotti war unter allen Schülern ihr Liebling. Sie hatte fest geflochtene Zöpfe und trug immer eine saubere Schürze. Zwei Schürzen hatte sie. Eine schwarze und eine blaue. „Jetzt erzähl: Warum hast du solchen Kummer?"
„Das Kaninchen", brach es aus Lotti hervor. „Der Vater sagt, dass er sich schon so auf den Braten freut!"
„Und?," fragte die Lehrerin, „was ist mit dem Kaninchen? Freust du dich auch so?"
„Aber – aber – es ist doch mein Bommel!"
Die Lehrerin verstand.
„Ich kenn' den Bommel, da war er noch soo klein! Und ganz kleine Ohren hatte er! Und sein Schnäuzchen" – Lotti schluchzte fassungslos. „Der Vater kann ihn doch nicht einfach erschlagen, damit wir ihn aufessen! Ich halt' es nicht aus, wenn sie Bommel umbringen! Ich lauf' fort von zu Haus und nehm' das Kaninchen mit!"
Die Lehrerin drückte Lotti an sich. „Na warte, Lotti! Deswegen brauchst du doch nicht von zu Haus fortlaufen! Weißt du was? Ich werde dir helfen!"

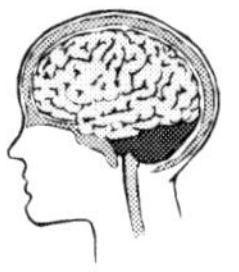

Aktivierung II

Man musste helfen. Fragte sich bloß, wie. Im nächsten Moment wusste es die Lehrerin. Sie musste dem Vater das Kaninchen abkaufen. Sollte er um das Geld halt einen anderen Festtagsbraten besorgen.

Was so ein Hase wohl kostete? Mehr als einen Schilling sicher. Wahrscheinlich zwei. Wenn Herr Auinger aber drei Schilling verlangte?

Die Lehrerin teilte Lotti ihren Plan mit. Sie wollte ihnen den Bommel abkaufen und den Hasen dann freilassen. Lotti war selig. Der Vater war einverstanden und verlangte drei Schilling. Die Lehrerin seufzte, weil es halt doch viel Geld war. Aber Lottis glückliches Gesicht wog alles auf. Und selber brauchte man ja nun wirklich keinen Christbaum! Ein Tannenzweig und eine Kerze genügten.
Der Vater war draußen, um Wasser zu holen. Er war mürrisch und knurrte etwas Unverständliches, als er das Geld nahm.
„Borgen Sie mir einen Korb oder was, wo ich den Hasen hineintun kann?"
„Wieso? Ich erschlag ihn Ihnen gleich", bot Herr Auinger an.
„Nein!", schrie die Lehrerin und Lotti wurde vor Schreck blass.
„Ich – ich brauch' ihn heut' noch nicht tot."
„Wie sie wollen", sagte Herr Auinger und zuckte die Schultern. Die Lehrerin verstand, dass er sich wunderte. Kaum anzunehmen, dass so ein Stadtfräulein viel Erfahrung im Hasen erschlagen hatte. Lotti war schon gerannt und brachte einen Weidenkorb. Die Lehrerin versprach, ihn nach den Feiertagen zurückzubringen und zog mit dem lebenden Bommel ab. Im Korb, stellte sich heraus, waren auch Karotten.

Am nächsten Tag trafen sich Lotti und die Lehrerin nach dem Mittagessen, wie sie es vereinbart hatten. Der Korb mit Bommel wurde hinten aufs Rad gebunden. Lang fuhren sie durch das flache Land, dann hielt die Lehrerin auf einem Feldweg. Der Korb wurde geöffnet. Bommel wurde noch einmal hinter den Löffeln gekrault. Er schnupperte, blickte erstaunt in den unermesslich weiten Horizont. Lotti seufzte tief, aber aus Freude. Die Lehrerin und sie umarmten einander.
„Vielleicht sehen wir ihn im Frühjahr wieder!"
„Ja, vielleicht bringt er die Ostereier!"
Sie lachten ein bisschen, dann radelten sie wieder heim. Im Frühjahr hatte die Lehrerin Marienthal verlassen. Die Gemeinde konnte ihr Gehalt nicht mehr zahlen.

(Wagerer, W.: Gemeinsam sind wir unausstehlich. Geschichten rund um die Schule. Herder, Wien, 1989. S. 40 ff., gekürzt)

Lies die Geschichte aufmerksam durch! Achte beim Lesen darauf, dass du bei den „Störsternchen" nicht ins Stocken gerätst!

Bereite die Geschichte zum Vorlesen vor! Beachte dabei die Tipps „Wie lese ich einen Text vor?" (Seite 42)!

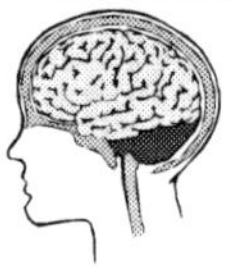

Training I

Wie lese ich einen Text vor?

✓ Bereite dich auf __________________ sorgfältig vor, damit du alle Zuhörer und Zuhörerinnen für deinen Text gewinnen kannst!

✓ Lies den Text _______________ aufmerksam durch, sodass du den Inhalt sehr gut verstehst!

✓ Mach zu Hause _________ _________ vor dem Spiegel und lass auch eine Kassette mitlaufen!

✓ Sprich ______________ und verschlucke keine Silben!

✓ Trage nicht zu schnell vor, auch wenn du ______ ______________ gut kennst!

✓ Versuche dich in ______ ______________ ________ ____________________ hineinzuversetzen, um deine Stimme der Situation anzupassen!

✓ Mache nach jedem Punkt, Strichpunkt, Frage- und Ausrufezeichen, Komma eine ____________! So kannst du schon im Text vorauslesen und die Zuhörer und Zuhörerinnen können besser mitdenken!

✓ Hebe wichtige Satzteile oder Sätze durch lauteres und langsameres ____________ hervor!

✓ Stehe möglichst ________ vor den Zuhörern und Zuhörerinnen und fuchtle nicht mit den Händen!

✓ Halte mit den Zuhörern und Zuhörerinnen während des Vorlesens _______________!

Trage die folgenden Begriffe so in den obigen Text ein, dass sinnvolle Sätze entstehen!

*Blickkontakt * ruhig * die Situation der Geschichte * Sprechen * den Text * deutlich * eine Probe * das Vorlesen * mehrmals * Pause*

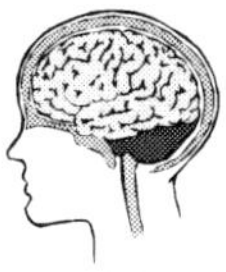

Training II

Georg Bydlinski

Der Neue

Der Neue hatte Hasenzähne und eine Brille mit komischer Fassung. Seine Haare waren kurz und struppig. Der Klassenvorstand stellte den Neuen der Klasse vor, erklärte, woher er kam, und bat die 2c, ihn in ihre Gemeinschaft aufzunehmen.

Es läutete. Die 2c erstarrte vor Schreck.
Der Inspektor setzte sich auf den Lehrertisch und stellte eine Überblicksfrage über den Stoff der ersten Klasse, auf die natürlich niemand eine Antwort wusste.

Nach einem weiteren Versuch gab Geri auf, in der Pause trat Nikki auf den Neuen zu und fragte ihn: „Hast du es wirklich nicht bemerkt?"
„Natürlich hab' ich's bemerkt", sagte der Neue. „Bin doch nicht blöd! Aber ein Schauspieler muss sich verstellen können, sonst ist er keiner."
„Ein Schauspieler?", fragte Nikki.
„Ja", sagte der Neue, „ich hab meine Rolle doch so überzeugend gespielt, dass der Trottel seinen Zirkel gleich wieder weggepackt hat!"
„Der soll ruhig denken, dass du einen Blecharsch hast", sagte Nikki. „Übrigens, ich heiße Nikki und sitze in der Bank hinter dir. Du heißt Erich?"
„Eigentlich ja!", sagte der Neue. „Aber ich nenne mich Erik. Künstlername."

Der Neue setzte sich auf den freien Platz neben Geri. Neben Geri saß niemand, denn Geri hatte einen spitzen Zirkel und war, besonders seit er die Nachprüfung bestanden hatte, sehr übermütig.

Nikki beobachtete Geri genau. Als der Klassenvorstand gerade dabei war, die Wandkarte mit den Korbblütlern einzurollen, griff Geri mit geübter Hand in seine Federschachtel, zog etwas hervor, von dem Nikki wusste, dass es ein Zirkel war, und stach dem Neuen damit in den Hintern. Zuerst ganz leicht, dann fester.

Der Neue schien nichts zu bemerken. Er saß weiter über sein Heft gebeugt da und schrieb von der Tafel Sätze ab. Geri probierte es nochmals – wieder keine Reaktion.

Die Klasse schrie auf. Der Klassenvorstand und der Inspektor stürzten zu Erich hin, beugten sich über ihn. Einer nahm Erich an den Armen, der andere an den Beinen. Sonja öffnete die Tür.

Erich kam wieder zu sich, sein Mund war leicht geöffnet. Er blickte den Klassenvorstand und den Inspektor an, als wüsste er nicht, was geschehen war.

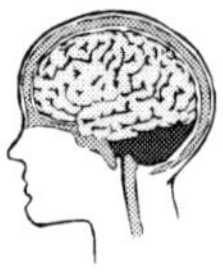

Training II

Drei Wochen nach Schulbeginn stürmte in einer großen Pause plötzlich der Klassenvorstand herein. „Der Inspektor ist da", sagte er. „Nächste Stunde kommt er zu uns. Er soll schlecht aufgelegt sein und in jeder Klasse zwei, drei Leute drannehmen."
„Wir können aber heute nichts!", sagte Susi.
„Ich weiß", sagte der Klassenvorstand. „Ich bin auch nicht besonders gut vorbereitet."
„Was tun wir jetzt?", fragte Martin.
„Überlegt euch was!", sagte der Klassenvorstand und stürmte hinaus. Das heißt, er wollte hinausstürmen, doch in der Tür stand bereits der Inspektor.

Nikki kritzelte ein paar Worte auf einen Zettel und steckte ihn Erich heimlich zu.
Erich zeigte auf.
„Na endlich", sagte der Inspektor.
„Herr Inspektor", sagte Erich. „Mir ist schlecht."
„So?", sagte der Inspektor.
„Ja", sagte Erich. „So schlecht! Darf ich hinausgehen?"
„Wenn es sein muss", sagte der Inspektor. „Hast du das öfters?"
„Ja, ich habe einen schwachen Kreislauf", sagte Erich mit ersterbender Stimme. Er fuhr sich mit der Hand über die Stirn und seine Lippen zitterten.
„Dann geh!"
Erich erhob sich langsam, hauchte ein kaum hörbares „Danke" und ging, sich an den Tischen stützend, in Richtung Tür. Er atmete schwer. Kurz vor der Tür gaben seine Knie plötzlich nach, Erich knickte ein und fiel um wie ein Stück Holz.

„Es geht schon wieder", sagte Erich und ließ sich in den Hof hinaustragen.
„Die frische Luft wird ihm guttun", sagte der Inspektor. Der Inspektor kam nicht mehr zurück.
Als Erich in der Pause wieder auftauchte, war er frisch wie immer. Die Klasse begrüßte ihn mit einem Hurra.
„Gut gemacht, Erik!", sagte Nikki. „Du bist wirklich ein Schauspieler!"
Erich wurde rot und verbeugte sich tief.

(Wagerer, W.: Gemeinsam sind wir unausstehlich. Geschichten rund um die Schule. Herder, Wien, 1989. S. 19 ff., gekürzt)

Die Teile der Geschichte „Der Neue" sind durcheinandergeraten! Finde die richtige Reihenfolge, indem du die Textstreifen mit den Zahlen von 1–8 nummerierst! Beginne mit dem fettgedruckten Feld!

Bereite die Geschichte zum Vorlesen vor! Beachte die erarbeiteten Tipps!

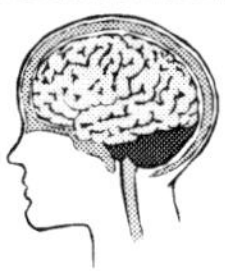

Transfer I

Irmela Wendt

Die Katastrophe

Wenn ich im Schwimmen noch unsicher bin,
gehe ich nicht ins Tiefe.
Aber wenn ich im Rechtschreiben unsicher bin,
muss ich trotzdem das Diktat schreiben,
das für die anderen passt, die
schon sicher sind im Rechtschreiben.
Und dann gibt es jedes Mal diese Katastrophe!

Wenn ich mich noch nicht freigeschwommen habe,
springe ich nicht vom Dreimeterturm.
Aber wenn ich in Mathe die neuen
Aufgaben noch nicht kapiert habe,
muss ich trotzdem die Klassenarbeit schreiben,
die für die anderen passt, die
immer alles sofort können.
Und dann gibt es jedes Mal diese Katastrophe!

Wenn ich der Lehrer wäre
und für mich bestimmen dürfte,
würde ich mich erst dann
Arbeiten schreiben lassen,
wenn ich sicher wäre.
Dann gebe es diese Katastrophen nicht mehr
Und nicht immer diesen Mut-Rutsch,
ich glaube, ich könnte dann
viel besser lernen
und würde alles auch eher kapieren.

(Wagerer, W.: Gemeinsam sind wir unausstehlich. Geschichten rund um die Schule. Herder, Wien, 1989. S. 27)

Lies das Gedicht aufmerksam durch!

Lerne das Gedicht auswendig!
Lies dazu die Tipps zum Auswendiglernen durch (Seite 46)!

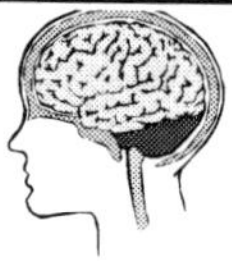

Transfer II

Wie lerne ich ein Gedicht auswendig?

Zeichne zu jeder Strophe ein Bild, das den Inhalt wiedergibt!

Sprich nach dem Vorlesen die erste Strophe auf Kassette!

Lies nun die erste Strophe des Gedichts laut vor! Lege dein gezeichnetes Bild dazu!

Zu Beginn lies das Gedicht einmal langsam durch!

Sprich dann den Text der ersten Strophe auswendig auf Kassette! Vergleiche anschließend mit der Textvorlage!

Lege nun dein Bild der ersten Strophe vor dich hin und versuche den Text der ersten Strophe auswendig zu sprechen!

Lerne nun schrittweise auch die anderen Strophen!

Höre dir die Aufnahme der ersten Strophe mehrmals an und sprich dabei mit!

Schneide die Tipps aus und bringe sie in eine sinnvolle Reihenfolge! Versuche sie beim Lernen des Gedichtes zu beachten!

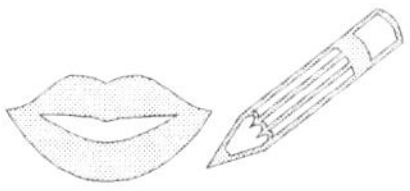

Aktivierung

Die junge Lehrerin schreibt während ihrer Zeit in Marienthal ein Tagebuch.

18. Dezember 1932

Warum habe ich nur dieses Aufsatzthema gegeben? Es ist erschreckend, wie groß die Not ist, unter welchen Umständen die Familien heuer Weihnachten feiern werden. So habe ich mir das wirklich nicht vorgestellt. Wenn ich nur mehr Möglichkeiten hätte, ihnen zu helfen. Das Spielzeug, das wir verteilt haben, ist wirklich nur ein Tropfen auf dem heißen Stein.

20. Dezember 1932

Lotti hat mir heute anvertraut, dass ihr Vater ihren geliebten Bommel töten will. Was soll die Familie sonst zu Weihnachten essen? Aber ich muss diesem Mädchen helfen, es ist total verzweifelt ...

Ergänze die Tagebucheintragung vom 20. Dezember 1932 und schreibe noch eine weitere dazu!

Training

Training

Training

Gestalte die Geschichte „Der Neue“ als Comic in sieben Bildern! Lass deine Figuren auch sprechen und denken!

Die einzelnen Bilder deines Comics sollen folgende Überschriften haben!

Erich wird schlecht
Geris „Zirkelattacke“
Der Klassenvorstand stellt den Neuen vor
Erik, der Schauspieler
Gespräch mit Nikki
Der Inspektor prüft
Erich wird ohnmächtig

Bringe die Überschriften anhand der Geschichte zuerst in die richtige Reihenfolge!
Schreibe zu jedem Bild die Überschrift in die vorgesehene Zeile!

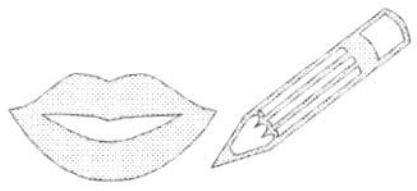

Transfer

Skifahren

Mathematik

Abfahrtslauf

Prüfung

Schularbeit

Biologie

Test

Englisch

Vokabel

Rad fahren

Slalom

Kapitel

Formeln

Wettfahren

Wenn ich der Lehrer wäre, ...

Schreibe zu dem Gedicht „Die Katastrophe“ noch zwei weitere Strophen! Die Wörter in den Kästchen sind eine Hilfe!

Diagnose — Feed-back-Bogen

ABENTEUER SCHULE

Name: ________________

SINNERFASSEND LESEN, WORTAUFFASSUNG TRAINIEREN, FIXATIONSBREITE ERWEITERN, REGRESSIONEN VERMEIDEN

- ☐ Alle Begriffe markiert
- ☐ Vorgegebenen Zeitrahmen eingehalten
- ☐ Wörter auf einen Blick gelesen (Lehrerbeobachtung nötig!)
- ☐ Blitzkarte korrekt eingesetzt
- ☐ Regressionen vermieden (Rücksprung auf bereits gelesenen Text)
- ☐ Begriffe richtig zugeordnet

SINNERFASSEND LESEN, REGELN ERARBEITEN, AUSWENDIG LERNEN

- ☐ Satzteile richtig geordnet
- ☐ Sätze richtig abgeschrieben
- ☐ Text, ohne zu stocken, vorgelesen
- ☐ Wichtige Satzteile durch Betonung hervorgehoben
- ☐ Mit den Zuhörern und Zuhörerinnen beim Vorlesen Blickkontakt gehalten
- ☐ Sprechpausen richtig gesetzt
- ☐ Textteile richtig geordnet
- ☐ Tipps zum Auswendiglernen in die richtige Reihenfolge gebracht
- ☐ Das Gedicht fehlerfrei auswendig aufgesagt

SCHREIBEN, ILLUSTRATIONEN GESTALTEN

- ☐ In ganzen Sätzen geschrieben
- ☐ Auf die Situation im Text eingegangen
- ☐ Überschriften in die richtige Reihenfolge gebracht
- ☐ Sprech- und Gedankenblasen richtig eingesetzt
- ☐ Illustrationen zum Text passend gestaltet
- ☐ Gedichtschema korrekt übernommen

Persönliche Bemerkungen:

Diagnose **Lerntagebuch**

ABENTEUER SCHULE

Ein Tagebuch dient dazu, seine Erlebnisse, Gefühle und Gedanken aufzuschreiben. Das Lerntagebuch soll dir helfen, dein eigenes Lernen genauer unter „die Lupe zu nehmen“, deine Stärken und Schwächen besser einzuschätzen und selbstständig zu überlegen, was du noch besser machen könntest. Schreibe daher nach dem Bearbeiten der einzelnen Aufgaben zum Thema „Abenteuer Schule“ auf, was du gelernt hast, was du bereits gut kannst, was dir Spaß gemacht hat und was noch Probleme bereitet!

Das habe ich gelernt:

Besonders leicht gefallen ist mir:

Das gefiel mir besonders gut:

Das muss ich noch üben:

Themenkreis: Medizin/Gesundheit

ISS DICH FIT!

	 Informationserfassung	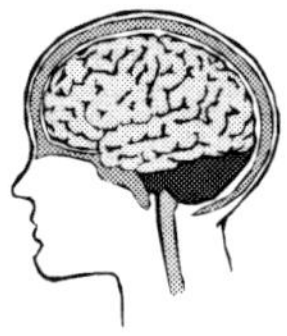 Informationsverarbeitung	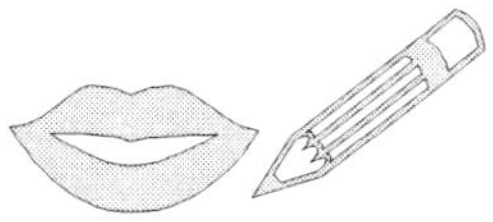 Kommunikation
Aktivierung	☐ Diagramme analysieren und ergänzen	☐ Eine Tabelle ergänzen	☐ Sinnerfassend lesen ☐ Sätze formulieren
Training	☐ Ein Diagramm ergänzen	☐ Ein Schaubild vervollständigen	☐ Sätze formulieren
Transfer	☐ Einen Text in ein Diagramm umwandeln	☐ Ein Rätsel lösen	☐ Schreiben
Diagnose	**Lerntagebuch** für die Hand des Schülers/der Schülerin **Feed-back-Bogen** für die Hand des Lehrers/der Lehrerin		

Aktivierung I

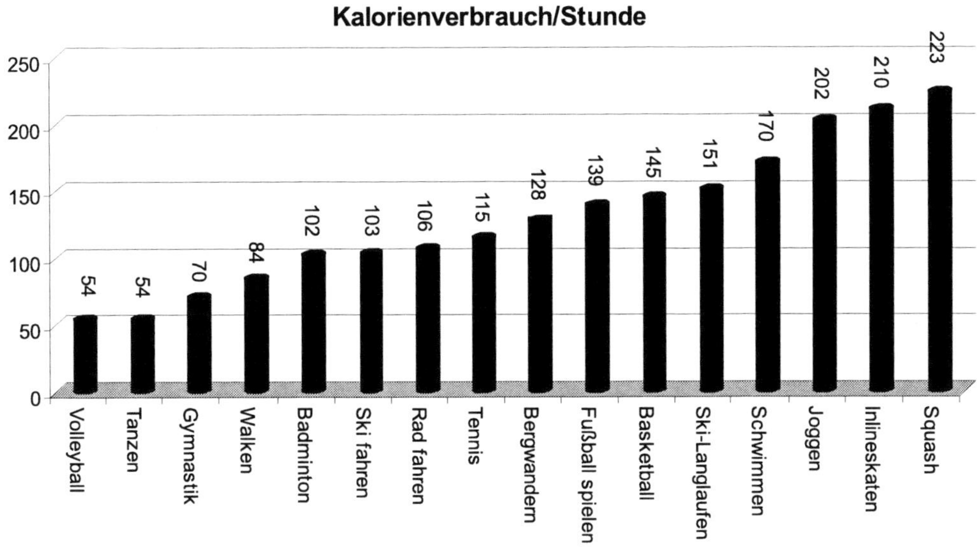
Kalorienverbrauch/Stunde
250
200
150
100
50
0
54
54
70
84
102
103
106
115
128
139
145
151
170
202
210
223
Volleyball
Tanzen
Gymnastik
Walken
Badminton
Ski fahren
Rad fahren
Tennis
Bergwandern
Fußball spielen
Basketball
Ski-Langlaufen
Schwimmen
Joggen
Inlineskaten
Squash

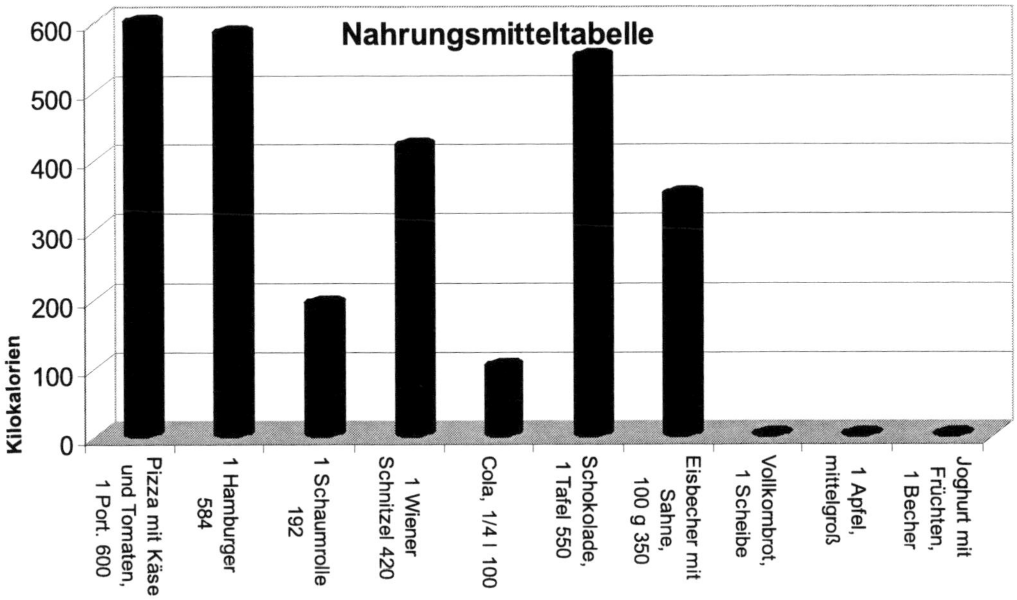
Nahrungsmitteltabelle
Kilokalorien
600
500
400
300
200
100
0
Pizza mit Käse und Tomaten, 1 Port. 600
1 Hamburger 584
1 Schaumrolle 192
1 Wiener Schnitzel 420
Cola, 1/4 l 100
Schokolade, 1 Tafel 550
Eisbecher mit Sahne, 100 g 350
Vollkornbrot, 1 Scheibe
1 Apfel, mittelgroß
Joghurt mit Früchten, 1 Becher

Zeichne in das Diagramm die Kalorienwerte folgender Nahrungsmittel ein:

Vollkornbrot, 1 Scheibe … 96 Kilokalorien

1 Apfel, mittelgroß … 75 Kilokalorien

Joghurt mit Früchten, 1 Becher … 179 Kilokalorien

Aktivierung II

Gewusst wie!

Markus spielt eine halbe Stunde Tennis und danach eine Stunde Fußball. Welche Nahrung kann er ohne Gewichtszunahme nach dem Sport zu sich nehmen?

____

Karin isst zum Mittagessen ein Wiener Schnitzel und trinkt ½ l Cola dazu. Welche Sportart(en) muss sie wie lange ausüben um die Kalorien „abzuarbeiten“?

____

Wie lange muss Zoran Volleyball spielen, um die gleichen Kalorien im Körper zu verbrennen, wie Gerda bei einer Stunde Rad fahren?

____

Betrachte die beiden Diagramme auf Seite 55 und löse die Aufgaben!

Training

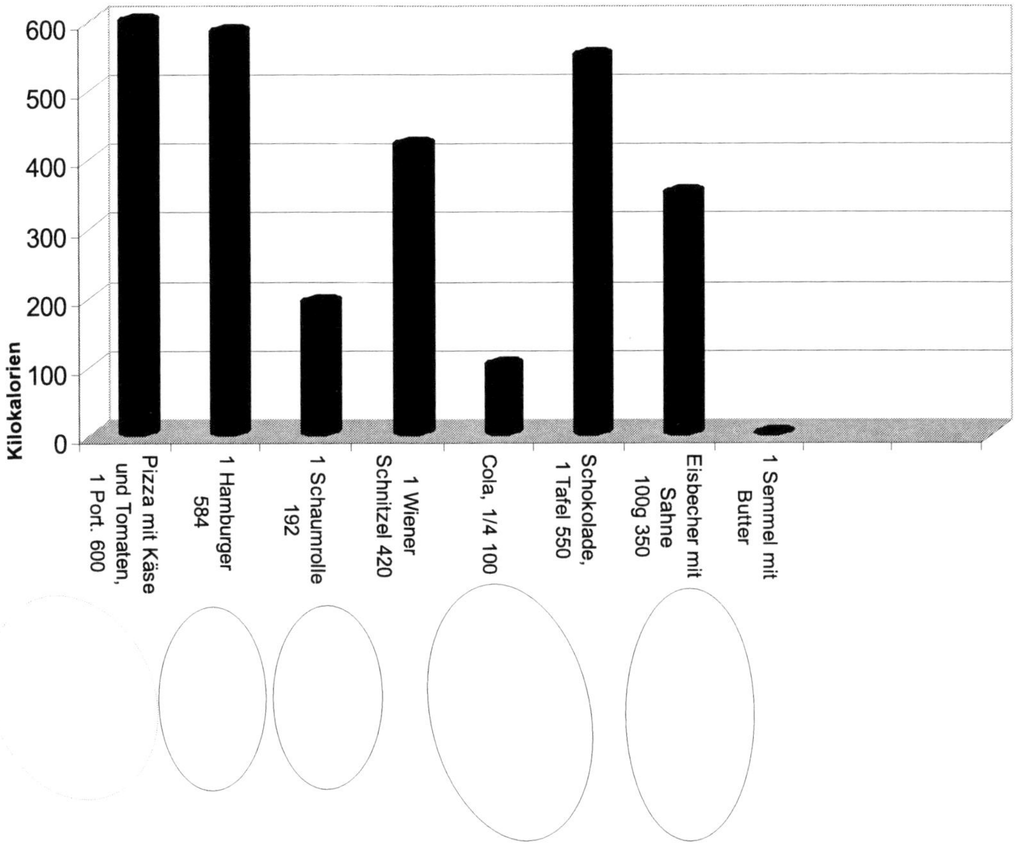
Kilokalorien
0
100
200
300
400
500
600
Pizza mit Käse und Tomaten, 1 Port. 600
1 Hamburger 584
1 Schaumrolle 192
1 Wiener Schnitzel 420
Cola, 1/4 100
Schokolade, 1 Tafel 550
Eisbecher mit Sahne 100g 350
1 Semmel mit Butter

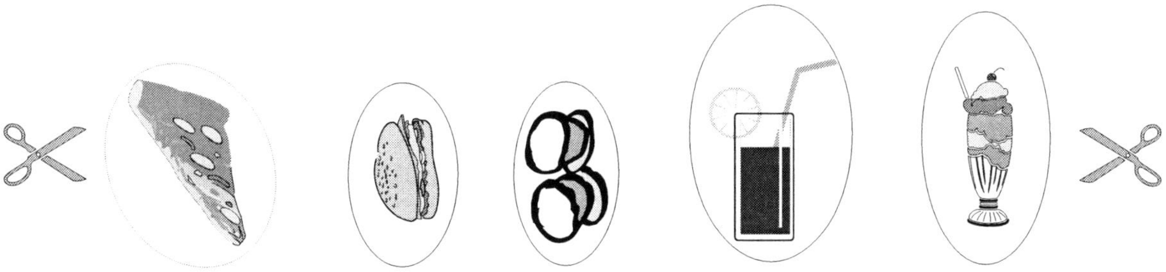

Schneide die Bilder aus und klebe sie an die richtige Stelle im Diagramm!

Zeichne folgenden Kalorienwert in das Diagramm ein: 1 Semmel mit Butter – 210 Kilokalorien!

Transfer

Herr Milster nimmt zum Frühstück 396 kcal zu sich und marschiert zu Fuß in sein Büro. Dadurch verbraucht er 45 kcal. Frau Milster fährt nach dem Frühstück (298 kcal.) mit dem Fahrrad in ihr Geschäft. Dadurch verbrennt ihr Körper 70 kcal. Herr Milster nimmt zu Mittag 720 kcal zu sich. Am Nachmittag spielt er eine Stunde Tennis und verbraucht dabei 115 kcal. Frau Milster trifft sich um 12 Uhr mit einer Kollegin in der Pizzeria (626 kcal). Nach ihrer Arbeit entspannt sie bei einer Gymnastikstunde und verliert 75 kcal.

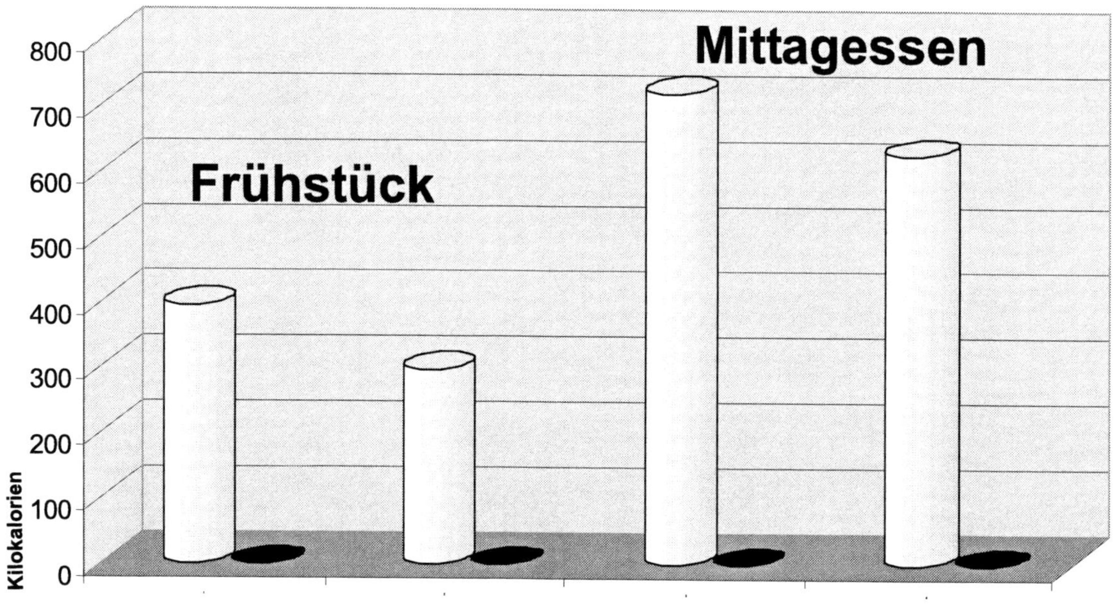
Mittagessen
Frühstück
800
700
600
500
400
300
200
100
0
Kilokalorien

- Unterstreiche im Text die Kilokalorienangaben von Herrn Milster mit einem roten Farbstift, die Angaben für Frau Milster mit einem grünen!

- Bemale die zwei Säulen im Diagramm, die dir die Kalorienzufuhr von Herrn Milster zeigen, mit rotem Farbstift, die anderen beiden (Kalorienzufuhr von Frau Milster) mit grünem!

- Ergänze das Diagramm durch Säulen, die den Kalorienverbrauch der Milsters durch ihre jeweiligen sportlichen Aktivitäten zeigen! Verwende dazu wieder die passenden Buntstifte!

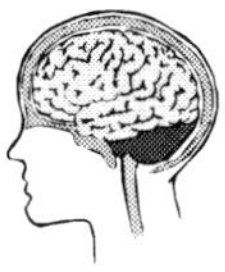

Aktivierung

Ernährungstipps

	☹	☺
Essen		
Milch		
Brot/Semmeln		
Getränke		
Fette		

frisches Obst und Gemüse

Schweineschmalz und Speck

Vollkornbrot

Getränke mit viel Zucker

ungesüßte Getränke

Weißbrot und Semmeln

kalt gepresstes Olivenöl

Fastfood

fettarme Milch

Vollmilch

Schreibe jeden Tipp in das passende Kästchen der Tabelle!
Die unterschiedlichen Kästchenmuster helfen dir dabei!

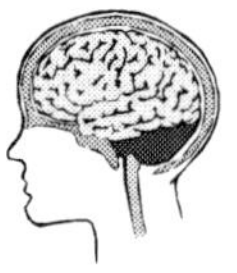

Training

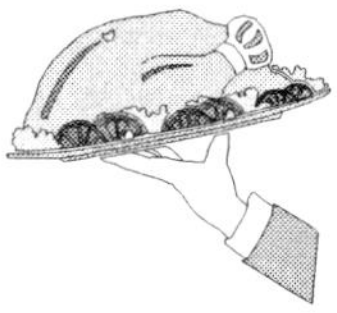

kein Käse über 45 Prozent Fett

2- bis 3-mal pro Woche Fisch oder Geflügel

Kalorienzufuhr und Kalorienverbrauch müssen sich die Waage halten

wenig Zucker

frisches Obst und Gemüse

Schreibe die Ernährungstipps in das passende Feld!

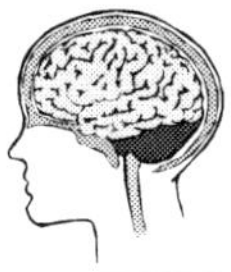

Transfer

Fremdwörter – Rätsel

Umlaut = zwei Buchstaben

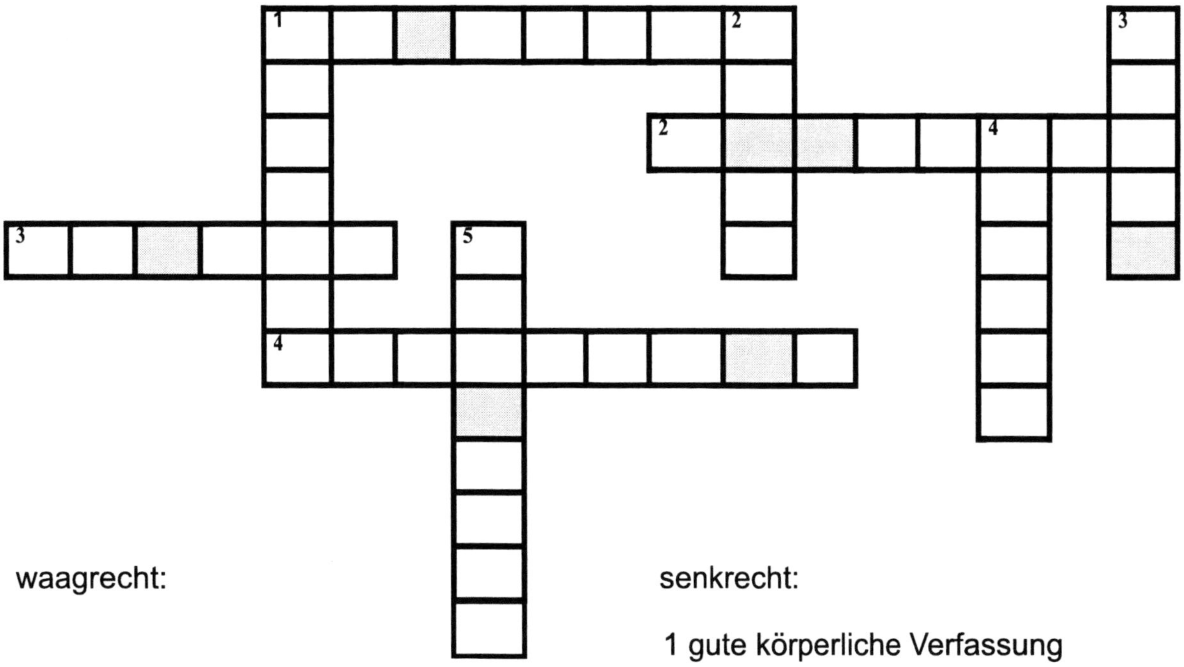

waagrecht:

1 Fertiggericht, Schnellmahlzeit
2 messen den Energiewert von Lebensmitteln
3 beliebte Sportart, laufen
4 alkoholfreies Getränk (z. B. Cola, Limonade)

senkrecht:

1 gute körperliche Verfassung
2 besondere Ernährungsweise, vom Arzt verordnet
3 Speisenfolge (Suppe – Hauptspeise – Nachspeise)
4 kleine Mahlzeit
5 in Obst und Gemüse enthalten

Diaet	Menue	Vitamine	Joggen	Fitness
Imbiss		Kalorien	Softdrink	Fastfood

Löse das Rätsel mit Hilfe der Spiegelwörter!

Bringe die Buchstaben der grauen Felder in die richtige Reihenfolge: Sie ergeben ein italienisches Gericht!

Aktivierung

Stefanie hat ein Problem!

Bei einer Größe von 1,62 m wiegt Stefanie 70 Kilogramm. Gerne würde sie abnehmen, weil einige Buben sie wegen ihres Übergewichtes hänseln. Das ist auch der Grund, dass sie im Turnunterricht nicht gerne mitmacht. Oft täuscht sie Kopfschmerzen oder Bauchweh vor.

So kommt es auch häufig vor, dass Stefanie sich mit einer Tafel Schokolade tröstet, wenn sie sich von ihren Mitmenschen unverstanden fühlt. Wenn Steffi in den 3. Stock geht, wo ihre Klasse ist, kommt sie schon ordentlich ins Schwitzen und Keuchen. Deshalb nimmt sie lieber den Lift.

Zu ihren Hobbys zählen das Spielen am Computer und Lesen. Wenn ihre Mutter keine Zeit zum Kochen hat, kauft sich Stefanie schnell einen Hamburger mit Pommes frites.

Tipp 1 ____

Tipp 2 ____

Tipp 3 ____

Tipp 4 ____

Lies den Text durch!

Schreibe vier Tipps auf, die du Stefanie geben kannst, damit sich an ihrer Situation etwas ändert!

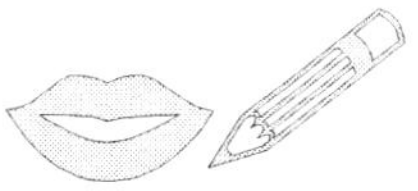

Training

Stefanie möchte einige Kilos abnehmen!

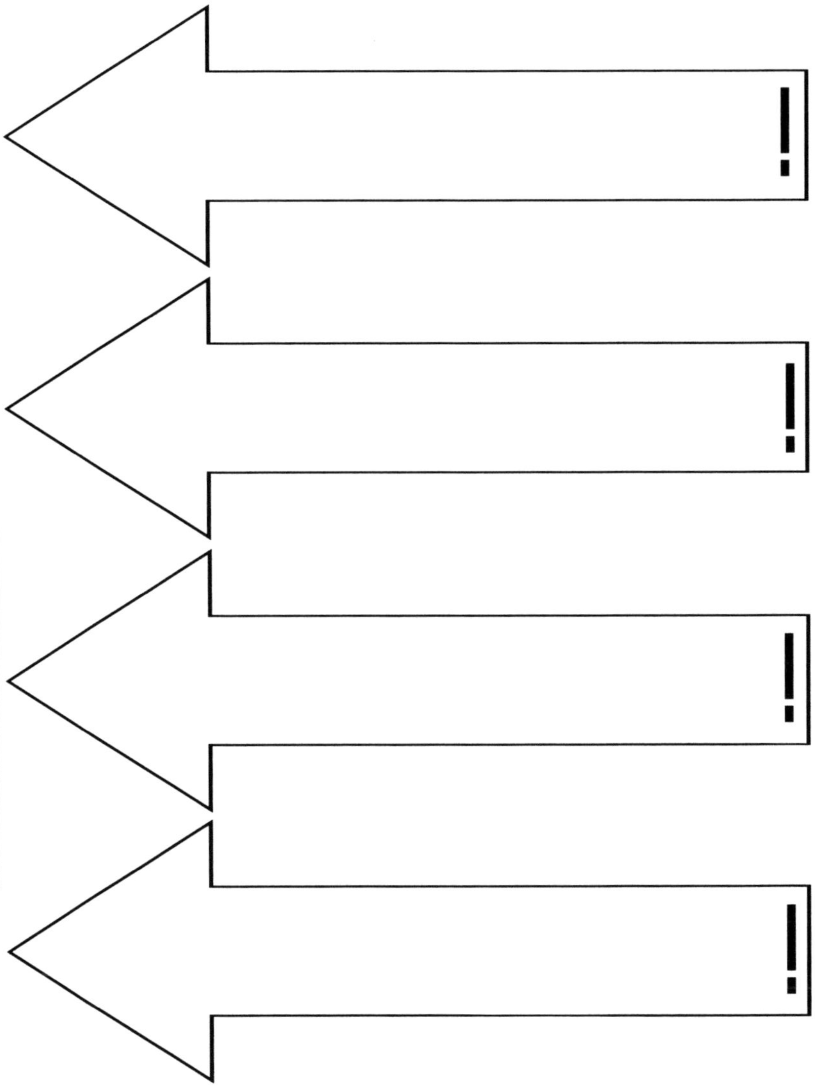

oder Fruchtsäfte – Cola – durch – Ersetze – zuckerfreie Limonade

stehen und – die Treppe – den Aufzug – nimm – Lass

ein Vollkornbrot – Zur Pause – und Obst – iss

deinen – Frage – auch – um Rat – Arzt

Trage die Satzteile so in die Pfeile ein, dass sie sinnvolle Tipps für Stefanie ergeben!

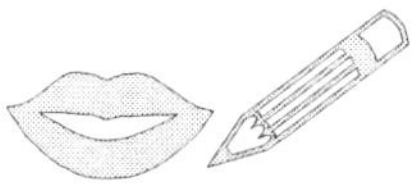

Transfer

Wochenplan der Firma Suppenkasper

- **MO: Nudelsuppe, Kaiserschmarren mit Ananaskompott**
- **DI: Leberknödelsuppe, Bulette, Petersilkartoffeln, Kuchen**
- **MI: Buchstabensuppe, Wiener Schnitzel, Kartoffeln, Pudding**
- **DO: Backerbsensuppe, Schinkennudeln, Torte**
- **FR: Zwiebelsuppe, gebackener Fisch, Kartoffelsalat**

Die Schüler und Schülerinnen sind mit der Auswahl der Speisen unzufrieden. Sie hätten gerne mehr Abwechslung: Es fehlen Obst, Gemüse und Vollkornprodukte. Außerdem legen sie Wert auf fettarme Lebensmittel.

- Schreibe einen Brief an die Firma Suppenkasper, in dem du deine Wünsche äußerst!
- Schreibe den Wochenspeiseplan auf der dafür vorgesehenen Seite (Seite 65) noch einmal und ersetze einige Gerichte durch gesündere Speisen!

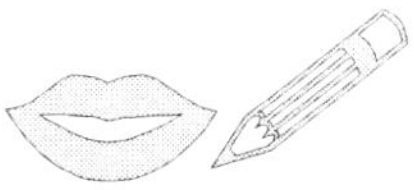

Transfer

MO:

DI:

MI:

DO:

FR:

MO:

DI:

MI:

DO:

FR:

Diagnose **Feed-back-Bogen**

ISS DICH FIT!

Name:_______________________________

DIAGRAMME ANALYSIEREN UND ERGÄNZEN

- ☐ Fragen richtig beantwortet
- ☐ Kalorienwert richtig in das Diagramm eingezeichnet
- ☐ Beschriftung korrekt ausgeführt
- ☐ Kanten ordentlich ausgeschnitten
- ☐ Bilder an der richtigen Stelle aufgeklebt
- ☐ Angaben im Text richtig in ein Diagramm eingetragen
- ☐ Angaben aus dem Text den Personen korrekt zugeordnet

EINE TABELLE ERGÄNZEN, EIN SCHAUBILD VERVOLLSTÄNDIGEN, EIN RÄTSEL LÖSEN

- ☐ Richtige Reihenfolge der Wörter gefunden
- ☐ Wortgruppen in die richtige Spalte der Tabelle eingetragen
- ☐ Das Schaubild sinnvoll vervollständigt
- ☐ Das Fremdwörterrätsel gelöst
- ☐ Das Lösungswort gefunden

EINEN TEXT LESEN UND SCHREIBEN, SÄTZE FORMULIEREN

- ☐ Den Text sinnerfassend gelesen
- ☐ In ganzen Sätzen geschrieben
- ☐ Auf die Situation im Text eingegangen
- ☐ Satzteile richtig geordnet
- ☐ Richtig abgeschrieben
- ☐ Im Brief auf die vorgegebene Situation eingegangen
- ☐ Sinnvolle Änderungen eingetragen

Persönliche Bemerkungen:

Diagnose **Lerntagebuch**

ISS DICH FIT!

Ein Tagebuch dient dazu, seine Erlebnisse, Gefühle und Gedanken aufzuschreiben. Das Lerntagebuch soll dir helfen, dein eigenes Lernen genauer unter „die Lupe zu nehmen“, deine Stärken und Schwächen besser einzuschätzen und selbstständig zu überlegen, was du noch besser machen könntest. Schreibe daher nach dem Bearbeiten der einzelnen Aufgaben zum Thema „Iss dich fit!“ auf, was du gelernt hast, was du bereits gut kannst, was dir Spaß gemacht hat und was noch Probleme bereitet!

Das habe ich gelernt:

Besonders leicht gefallen ist mir:

Das gefiel mir besonders gut:

Das muss ich noch üben:

Themenkreis: Informationstechnologie/Sport

FREIZEIT-ARTISTEN

	 Informationserfassung	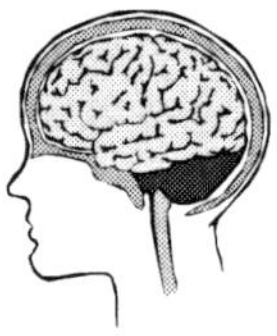 Informationsverarbeitung	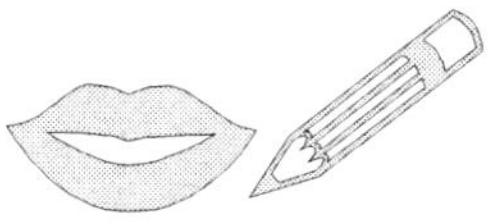 Kommunikation
Aktivierung	☐ Sinnerfassend lesen	☐ Eine Heftseite gestalten	☐ Zeit einteilen
Training	☐ Ausschneiden ☐ Benennen	☐ Schlüsselbegriffe zuordnen	☐ Ein Rätsel lösen
Transfer	☐ Unterstreichen ☐ Visualisieren	☐ Fachbegriffe nachschlagen und erklären	☐ Einen Zeitplan erstellen
Diagnose	**Lerntagebuch** für die Hand des Schülers/der Schülerin **Feed-back-Bogen** für die Hand des Lehrers/der Lehrerin		

Aktivierung I

Welche Kleidung trägt ein Skater?

Die Kleidung des Skaters ist von guter Qualität und deshalb meist sehr teuer. Viele Skater legen auch Wert auf Markenware und lassen sich das auch etwas kosten!

T- SHIRT, PU…OVER

Das Logo auf se… T-Shirt ist dem Skater sehr wichtig. Außerde… soll der Stoff Schweiß aufsaugen und hautfreundlic… …in.

SCHUHE

Die Schuhe werden se… …ark beansprucht. Deshalb sollte man sich Spezia… …rtigungen für Skater kaufen und dabei nicht sparen. …ider braucht man sehr oft ein neues Paar.

Helm

Ein gut sitzend… Helm ist für die Sicherheit der Skater sehr w… …g. Hier gibt es eine große Auswahl, lass dic… …eraten. Die beliebten Kappen sind zwar schick, … …en aber bei einem Sturz keine ausreichenden Schutz.

Manche Wörter sind durch die Skater verdeckt! Lies den Text!

Aktivierung II

Was braucht ein Inlineskater?

Ellb+gen -„ Knie -, H*ndschützer, Helm, Verb*ndszeug und S+nnen-brillen gehören zur Grund*usst*ttung der Sk*ter.
Nützlich sind *uch Rucks*ck, Windj*cke und blinkendes Rücklicht.
Speziell für Leute, die der Schuh reibt, ist es empfehlenswert v+r Beginn des Inlinesk*tens die Füße mit Hirscht*lgcreme einzureiben beziehungsweise diese Stelle(n) mit einem Pfl*ster zu schützen.
Beim K*uf von Schützern sollten Sk*ter d*r*uf *chten, d*ss diese eine gewisse Festigkeit besitzen und die Klettverschlüsse h*lten. Sie s+llten *uch direkt *m Körper befestigt werden. Über der Kleidung getr*gen können sie bei einem Sturz verrutschen.
Bes+nders wichtig ist die richtige W*hl des Helmes. Er muss gen*u p*ssen und +ptim*le Luftzufuhr ermöglichen. Die Ber*tung durch einen F*chm*nn ist hier n+twendig.

Manche Buchstaben sind durch ein * beziehungsweise durch ein + ersetzt! Um welche Buchstaben handelt es sich?

Lies den Text!

Training

Skater: Schutzausrüstung

Schneide die Puzzleteile aus und setze sie zu zwei Bildern zusammen!

Klebe die Bilder auf die dafür vorgesehene Seite (Seite 72)!

Training

Kennzeichne mit einem Pfeil die Schutzkleidung des Skaters! Benenne sie mit Hilfe folgender Wörter!

Knieschützer
Helm
Ellbogenschützer

Welche Schutzkleidungen fehlen dem Inlineskater? Ergänze das Bild!

Transfer I

Gefahr Inlineskater?

Laut Straßenverkehrsordnung ist das Benützen von Radfahranlagen durch Inlineskater mit bestimmten Auflagen vorgesehen.
Verhaltensregeln für Skater sind darin festgelegt:

Inlineskating nur als Freizeitbetätigung oder Sport zu sehen, ist zu kurz gegriffen. Inlineskater benützen vielfach öffentliche Verkehrsflächen. Dadurch stellen sie andere Verkehrsteilnehmer – und auch den Gesetzgeber – vor eine neue Situation und vor neue Probleme:

Um die Verkehrsrealität der Inlineskater zu untersuchen, wurden an ausgewählten Stellen in München Zählungen durchgeführt und die Begegnungen zwischen Skatern, Fußgängern und Radfahrern beobachtet (Untersuchung: 1997):

- **30 Prozent** sind auf Radwegen, Radfahrstreifen und Radfahrerüberfahrten unterwegs.
- **28 Prozent** der beobachteten Skater benützen Gehsteige und Gehwege sowie Schutzwege.
- **42 Prozent** der beobachteten Begegnungen zwischen Inlineskatern und anderen Verkehrsteilnehmern finden auf sogenannten Mischflächen statt, deren Benutzung sowohl Fußgängern als auch Radfahrern gestattet ist.
- Bei **4 Prozent** der ca. 7200 verletzten Inlineskater, die im letzten Jahr im Krankenhaus behandelt werden mussten, waren Zusammenstöße mit Fußgängern oder Radfahrern die Ursache.
- Die Mehrzahl der Verletzungen – **85 Prozent** – erfolgte durch Einzelstürze.
- Bei **11 Prozent** verursachten Hindernisse einen Sturz.

Wodurch erfolgten die Verletzungen?
Unterstreiche die Ursachen mit blauem Farbstift!

Wo fahren Inlineskater?
Unterstreiche die Verkehrsflächen mit rotem Farbstift!

Transfer II

Gefahr Inlineskater?

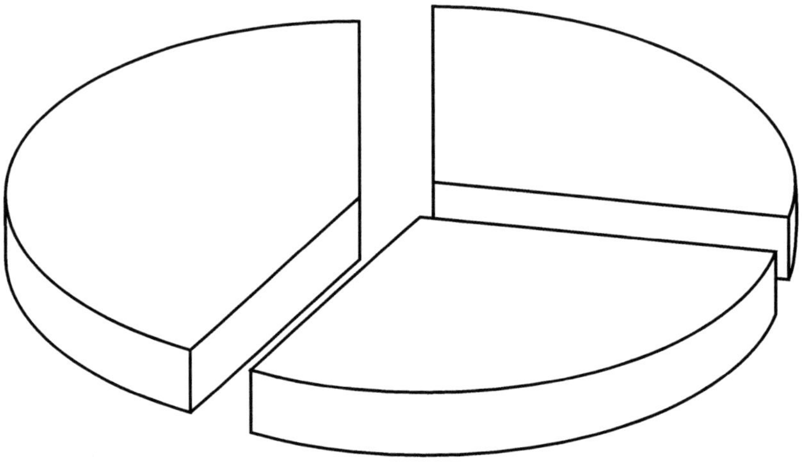

Verkehrsflächen

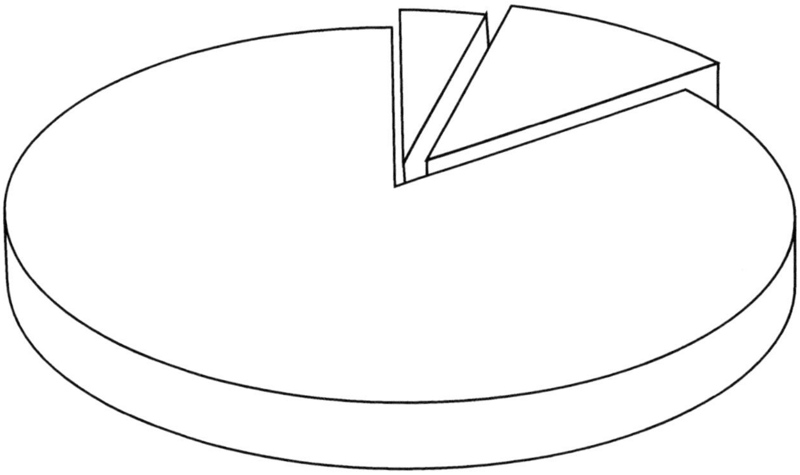

Unfallursachen

Bemale die Segmente mit drei verschiedenen Farben und beschrifte sie mit den Prozentzahlen der Seite 73!

Verfasse eine Legende, in der du die Bedeutung der Farben erklärst!

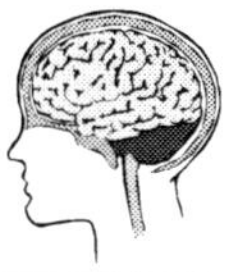

Aktivierung

Ein Blick zurück!

Im Jahr **1760** war ein Belgier namens **John Josef Merlin** der Erste, der sich Stahlkufen von Metallrädern an Schlittschuhen befestigte und **erste Gleitversuche** auf diesen Rollen unternahm. Die **Schuhe der neuen Generation** wurden von den **Gebrüdern Olsen 1980** in Minneapolis, USA, entworfen. Die beiden Eishockeyspieler waren auf der Suche nach einer neuen Methode zur Ausübung ihres Sommertrainings.
(www.Satourday-skating.de, gekürzt)

Mitte der 60er-Jahre kamen einige junge Leute auf die Idee, ein **Surfbrett mit Achsen und Rädern** zu bauen. Diese Vorläufer der heutigen Skateboards waren an beiden Enden flach. Als nächstes wurden die sogenannten **„Fischboards“**, die **Ende der 70er-Jahre** erschienen, verwendet. Damit begann man die ersten Sprünge zu machen. In dieser Zeit entstand auch die **Halfpipe**.
(www.bsnu.nu.by.schule.de, gekürzt)

Tipps zur Gestaltung einer Heftseite

- Lege folgende Arbeitsmaterialien bereit:
  Füller, roter und grüner Farbstift, Lineal, Klebstoff, Schere
- Gestalte die Textüberschrift mit rotem Farbstift!
- Schreibe den Text mit Füller! Beachte dabei einen ausreichenden Seitenrand!
- Fettgedruckte Wörter schreibe mit grünem Farbstift!
- Bedenke: Absätze und passende Bilder machen den Text leichter verständlich!

- Lies zuerst alle Tipps aufmerksam durch!
- Schreibe danach den Text „Ein Blick zurück!“ in die Vorlage auf der dafür vorgesehenen Seite (Seite 76)!
- Schneide die beiden Bilder aus und klebe sie zur passenden Textstelle auf der nächsten Seite!

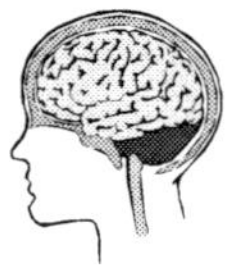

Aktivierung

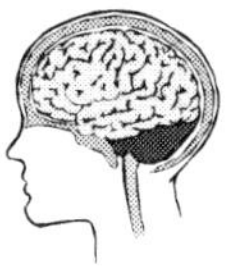

Training I

Richtiges Fallen

1. Schritt

____
____
____

2. Schritt

____
____
____

Richtiges Aufstehen

1. Schritt

____
____
____

2. Schritt

____
____
____

3. Schritt

____
____
____

4. Schritt

____
____
____

Schreibe nachfolgende Tipps zu den passenden Bildern!

Finger nach oben, während Ellbogen- und Handgelenksschoner über den Boden schleifen / zuerst auf Knie fallen lassen

einen Fuß aufstellen / zuerst hinknien / vor der Weiterfahrt eine sichere Haltung einnehmen / mit beiden Händen gegen das Knie drücken und langsam aufstehen

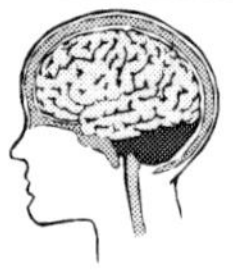

Training II

Verhaltensregeln in Skater-Anlagen

Beim Betreten der Anlage achte auf die übenden Skater. Lies und befolge die Nutzungsordnung. Sollte diese nicht aushängen, lasse sie dir vorlegen. Mit deinem Eintritt in die Anlage hast du diese Ordnung bereits anerkannt.

Jeder Skater, jede Skaterin muss sich so verhalten, dass er, sie niemanden gefährdet oder schädigt. Essen und Trinken sollte auf der Anlage unterlassen werden.

Wenn du Anlauf- und Auslaufzonen von Geräten kreuzt, achte ganz besonders auf die Skater, die Skaterinnen in der Anlage. Nur wenn die ganze Spur frei ist, darf gekreuzt werden.

Passe deine Geschwindigkeit und dein Verhalten deinem Können, der Verkehrsdichte und den Sichtverhältnissen an. Du musst einen genügend großen Sicherheitsabstand zum vorderen Läufer, zur Läuferin einhalten.

Wer stehen bleibt, tritt aus der Bahn. Dies gilt insbesondere für die Anlauf- und Auslaufzonen der Geräte. Bleib auf keinen Fall unmittelbar hinter einem Gerät stehen. Ein gestürzter Läufer, eine Läuferin hat die Bahn möglichst rasch frei zu machen.

(www.skater-parcour.de, gekürzt)

Anpassung der Geschwindigkeit

Kreuzen der Spur *Betreten der Anlage*

Rücksichtnahme auf Skater *Freihalten der Anlage*

Ordne die Überschriften den passenden Verhaltensregeln zu!

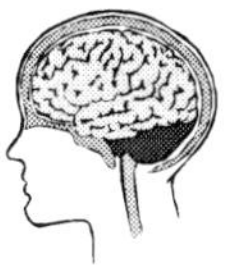

Transfer

Skatergespräche

Dieter:

Hallo, Gerda! Ich habe heute eine verlassene Lagerhalle entdeckt, in der es vor ***Pipes, Rails und Gabs*** nur so wimmelt. Das ideale Gelände zum Üben des **Flips.**

Gerda:

Ist ja toll! Ich besuche gerne die neue Skateranlage. Dort **grinde** ich auf allem. Dabei achte ich darauf, dass ich die langen **Rails** und die zahlreichen **Gaps** nicht auslasse. Nach einem **Jumping** über die **Handrail** bremse ich mit einem **Heel Stop**.

Hans:

Am Sonntag möchte ich bei einem Wettbewerb mein Können unter Beweis stellen. Ich beginne mit der einfachen **Freestyle**-Technik. Danach kommt ein **Drop-in** in die **Halfpipe,** dort zeige ich auch einige **Flip-Tricks**. Zum Abschluss bringe ich einige **Airs** und **Soli.** Das bringt viele Punkte und bewundernde Blicke.

Lies das Skatergespräch mit deinem Lernpartner, deiner Lernpartnerin!

Findet für die Fachbegriffe eine Erklärung! Das Skater-Abc auf der nächsten Seite hilft euch dabei!

Schreibt das Gespräch neu und für alle „Nicht-Skater“ verständlich auf die Seite 81! Verwendet dazu wieder das Skater-Abc!

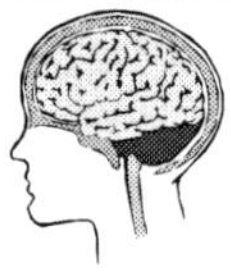

Transfer

Skater – Abc

Air:
In die Luft springen, oft verbunden mit anderen Aktionen (z. B. „Grab")

Brainless:
Rückwärtssalto mit 540° (eineinhalbfache) Drehung

Crab:
Beim Fahren sind die Beine auswärts gedreht, sodass die Fersen zueinander zeigen

Drop-in:
Einspringen in die Rampe von oben und Runterfahren (aus stehender Anfangsposition)

Ellbowpads:
Schützer für die Ellenbogen

Flip:
Jede Bewegung mit einer vollen Drehung, deren Achse die Hüfte ist (z. B. Salto)

Freestyle
Freies Skaten mit freien Bewegungen

Gaps:
Lücke, z. B. zwischen Häuserdächern

Grab:
Griff an den Skateschuh

Grind:
Rutschen auf einer Kante (rail) mit vollem Gewicht auf der Kante (langsamer als Slide)

Halfpipe:
a) Eine Rampe für Skates und Inliners, meistens aus Holz und geformt wie ein „U" oder ein „halbes Rohr" (daher der Name). Halfpipes gibt es in den unterschiedlichsten Höhen und Steigungswinkeln.
b) Zwei Viertelröhren zusammengelegt zu einer Halbröhre

Handrail:
Geländer einer Treppe

Heel Stop:
Die einfachste Bremstechnik; Bremsen mit dem Stopper

Jumping:
Springen mit Skates

Rail Slide:
Runterrutschen an einem Geländer (Rail), austauschbar mit Grind

Pipe:
siehe Halfpipe

Solo:
Vorwärtsfahren auf einem Fuß, während der andere festgehalten (grabbed) wird

Three-sixty:
Volle Drehung (360°)

Wax(ing):
Einwachsen der Kanten für bessere Gleitfähigkeit

(Tom Hawks Skateboarding ® Play Station)

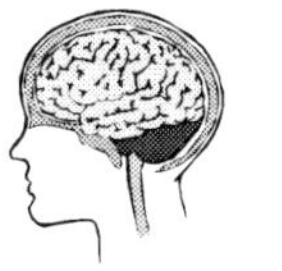

Transfer

Skatergespräche

Dieter:

Gerda:

Hans:

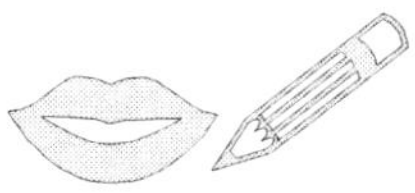

Aktivierung

Einteilung ist alles!

Hans, Gerda und Dieter kommen heute um 13 Uhr von der Schule nach Hause. Doch einiges ist an diesem Tag noch zu erledigen.
Die Kinder müssen bis morgen:

- einen Deutschaufsatz schreiben (ca. eine Stunde)
- fünf Mathematikbeispiele rechnen (ca. 30 Minuten).
- ihre Zimmer aufräumen (ca. 30 Minuten).

Hier siehst du die Zeiträume, in denen die drei ihrem Hobby, dem Skaten, nachgehen wollen:

Gerda	Dieter	Hans
(17 bis 19 Uhr)	(14 bis 19 Uhr)	(15 bis 18 Uhr)

Schreibe den Ablauf des Nachmittags beziehungsweise Abends für jedes Kind in die Tabelle auf der dafür vorgesehenen Seite (Seite 83)! Ergänze die noch freie Zeit mit anderen Beschäftigungen!

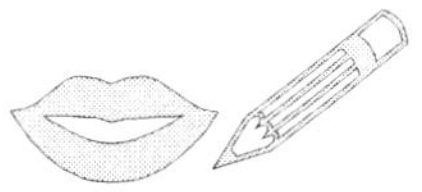

Aktivierung

Gerda

13–14	Mittagessen
14–15	
15–16	
16–17	
17–18	
18–19	
19–20	
20–21	
ab 21	SCHLAFEN

Dieter

13–14	Mittagessen
14–15	
15–16	
16–17	
17–18	
18–19	
19–20	
20–21	
ab 21	SCHLAFEN

Hans

13–14	Mittagessen
14–15	
15–16	
16–17	
17–18	
18–19	
19–20	
20–21	
ab 21	SCHLAFEN

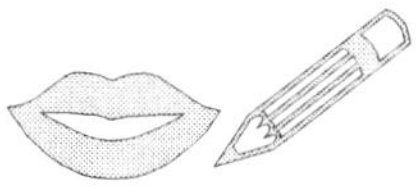

Training

Zeitdiebe

Ich höre gaben Musik bei den Auf gerne

____

Ich foniere und tele lange meinen gerne Freunden mit Freundinnen

____

Ich druck und immer unter Zeit arbeite lerne

____

Ich zeit sehr viele Hobbys aufwendige habe

____

Ich un oft pünkt bin lich

____

Ich lenkt durch sucher Be von Arbeit werde der abge

____

Ich verbringe viel dem puter vor dem Com Zeit und Fernseher

____

Setze die Wörter und Wortteile zusammen und schreibe die Sätze darunter!

Ordne die Sätze auf der dafür vorgesehenen Seite (Seite 85) in der Reihenfolge, wie sie für dich zutreffen!

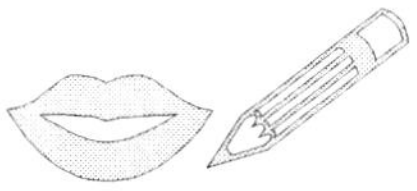

Training

Meine Zeitdiebe

1

2

3

4

5

6

7

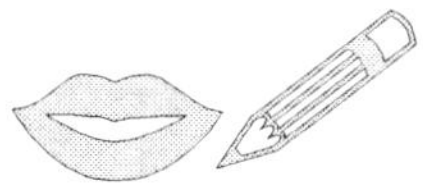

Transfer

Uhrzeit	Montag	Dienstag	Mittwoch	Donnerstag	Freitag
12.30					
13.00					
13.30					
14.00					
14.30					
15.00					
15.30					
16.00					
16.30					
17.00					
17.30					
18.00					
18.30					
19.00					
19.30					
20.00					
20.30					
21.00					
21.30					
22.00					

Trage eine Woche lang deine Aktivitäten in die Tabelle ein!

Vergleiche danach mit deinen Mitschüler/-innen und sucht gemeinsam nach Zeitdieben!

Diagnose **Feed-back-Bogen**

FREIZEIT - ARTISTEN

Name:____________________________________

SINNERFASSEND LESEN, AUSSCHNEIDEN, BENENNEN, UNTERSTREICHEN, VISUALISIEREN

- ☐ Den Inhalt gelesen
- ☐ Puzzleteile ordentlich ausgeschnitten
- ☐ Richtig zusammengesetzt
- ☐ Korrekt benannt
- ☐ Fehlendes aufgezählt
- ☐ Mit dem richtigen Farbstift unterstrichen
- ☐ Diagramme fehlerfrei bemalt

HEFTSEITE GESTALTEN, ZUORDNEN, NACHSCHLAGEN ERKLÄREN

- ☐ Den Text richtig abgeschrieben
- ☐ Alle Tipps befolgt
- ☐ Den passenden Text den Bildern richtig zugeordnet
- ☐ Die Überschriften richtig zugeordnet
- ☐ Fremdwörter korrekt erklärt
- ☐ In verständlichen Sätzen geschrieben

ZEIT EINTEILEN, RÄTSEL LÖSEN, ZEITPLAN ERSTELLEN

- ☐ Alle Aktivitäten in den Raster eingetragen
- ☐ Die Zeit sinnvoll eingeteilt
- ☐ Das Silbenrätsel korrekt gelöst
- ☐ Alle Aktivitäten in die Tabelle eingetragen
- ☐ „Zeitdiebe“ lokalisiert

Persönliche Bemerkungen:

Diagnose Lerntagebuch

FREIZEIT - ARTISTEN

Ein Tagebuch dient dazu, seine Erlebnisse, Gefühle und Gedanken aufzuschreiben. Das Lerntagebuch soll dir helfen, dein eigenes Lernen genauer unter „die Lupe zu nehmen“, deine Stärken und Schwächen besser einzuschätzen und selbstständig zu überlegen, was du noch besser machen könntest. Schreibe daher nach dem Bearbeiten der einzelnen Aufgaben zum Thema „Freizeit-Artisten“ auf, was du gelernt hast, was du bereits gut kannst, was dir Spaß gemacht hat und was noch Probleme bereitet!

Das habe ich gelernt:

Besonders leicht gefallen ist mir:

Das gefiel mir besonders gut:

Das muss ich noch üben:

Themenkreis: Ökologie

IM WALDREICH

	 Informationserfassung	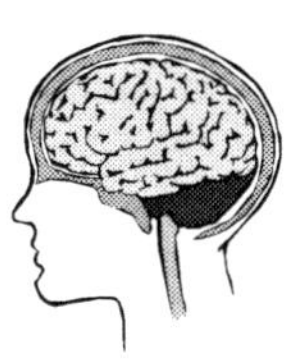 Informationsverarbeitung	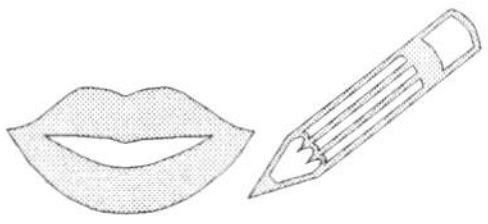 Kommunikation
Aktivierung	☐ Im Lexikon nachschlagen	☐ Markieren ☐ Ein Schaubild vervollständigen	☐ Fragen beantworten
Training	☐ Einen Lückentext vervollständigen	☐ Ein Schaubild vervollständigen	☐ Eine Zusammenfassung ergänzen
Transfer	☐ Fachbegriffe nachschlagen und erklären ☐ Visualisieren	☐ Begriffe zuordnen	☐ Markieren ☐ Einen Kurzvortrag halten
Diagnose	**Lerntagebuch** für die Hand des Schülers/der Schülerin **Feed-back-BOGEN** für die Hand des Lehrers/der Lehrerin		

Aktivierung

Gemeinschaften

Ein Teilbereich der Biologie ist die Lehre von den Beziehungen der . . . . zueinander und zu ihrer . . . . . .; man nennt diese Lehre **Ökologie**.

Das Zusammenwirken von einem . . . . . . und der dazugehörigen . . . . heißt **Ökosystem** (z. B. . . . . .).

Im Ökosystem **Wald** prägen . . . . ., ... und . . . . die Pflanzengesellschaft.

Das System untereinander verknüpfter . . . . heißt **Nahrungsnetz**. In ihm wirken . . . ., ... und . . . . zusammen.

- Ergänze den Lückentext mit Hilfe des Lexikons auf der dafür vorgesehenen Seite (Seite 91)! Die fettgedruckten Stichwörter erleichtern dir die Suche!

- Suche auch alle Lösungswörter, die du nicht kennst, im Lexikon und erkläre deinem Lernpartner, deiner Lernpartnerin ihre Bedeutung!

Aktivierung

Lexikon

Biologie: Wissenschaft, die sich mit allen lebenden *Systemen* (Mensch, Tier, Pflanze) beschäftigt

Biotop: Lebensraum, Standort, der von einer Lebensgemeinschaft oder bestimmten *Organismen* besiedelt wird. *Faktoren* wie Temperatur, Feuchtigkeit, Wind, Licht ermöglichen die Ansiedlung von Lebewesen

Biozönose: Lebensgemeinschaft von Pflanzen und Tieren in einem bestimmten Lebensraum

Destruenten: auch Reduzenten; hauptsächlich *Bakterien* und Pilze, zerlegen abgestorbene tierische und pflanzliche Lebewesen in der Erde zu *Mineralstoffen*

Konsumenten: auch Verbraucher; Lebewesen, die sich von *lebenden* Stoffen ernähren (Pflanzen- und Fleischfresser)

Nahrungskette: Nahrungsbeziehung zwischen Pflanzen und Tieren

Nahrungsnetz: System untereinander verknüpfter Nahrungsketten, in dem Produzenten, Konsumenten und Destruenten zusammenwirken

Ökologie: Teilbereich der Biologie, beschreibt die Beziehungen der Lebewesen zueinander und zu ihrer Umwelt

Ökosystem: Zusammenwirken von **Biotop** und dazugehöriger **Biozönose** z. B. Wald, Meer, Garten, Acker

Produzenten: auch Erzeuger; grüne Pflanzen, erzeugen *Sauerstoff* für andere Lebewesen und liefern Nahrung

Wald: Ökosystem, dessen Pflanzengesellschaft vorwiegend von Bäumen, Sträuchern und Kräutern geprägt wird

(nach: Microsoft: Encarta 99)

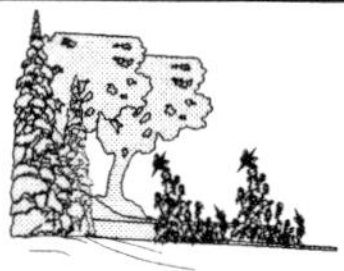

Training

Gemeinschaften

Ökologie

Unter Ökologie versteht man ______________________________

____

____

Ökosystem

Das Zusammenwirken von ______________________________

____

____

Wald

Der Wald ist ein ______________________________

____

____

Nahrungsnetz

In einem Nahrungsnetz ______________________________

____

____

____

Ergänze die Textanfänge mit Hilfe des Lexikons auf Seite 91! Die Stichwörter am Seitenrand helfen dir dabei!

Suche auch alle dir unbekannten Wörter im Text! Erkläre ihre Bedeutung deinem Lernpartner, deiner Lernpartnerin mit Hilfe des Lexikons auf Seite 91!

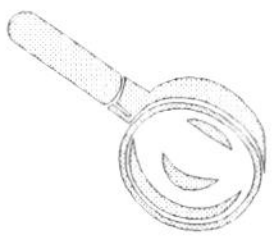

Transfer

Schlag nach!

	Seite	Spalte	Artikel
Photosynthese			
Organismus			
Bakterie			
organisch			

	Seite	Spalte	Artikel
Faktor			
Sauerstoff			
System			
Mineralstoff			

Beispiel

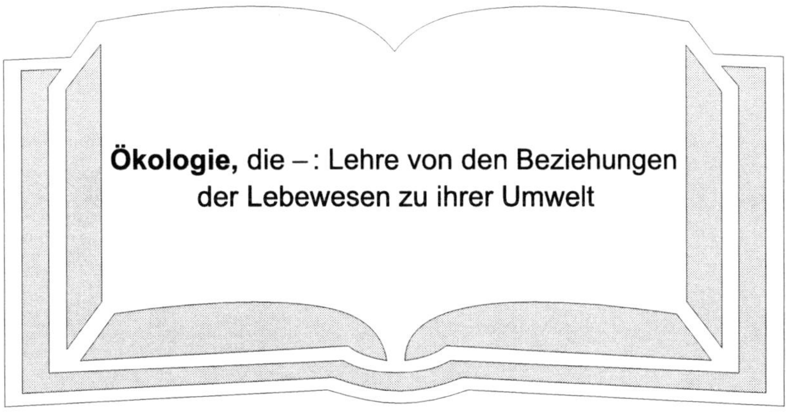
Ökologie, die –: Lehre von den Beziehungen
der Lebewesen zu ihrer Umwelt

- Suche oben stehende Wörter im Wörterbuch!
- Ergänze die Tabelle mit den entsprechenden Angaben!
- Schreibe zu jedem Stichwort die Erklärungen hinzu (siehe Beispiel)! Platz dafür findest du auf der dafür vorgesehenen Seite (Seite 94)!

Transfer

Photosynthese ______________________________

____

System ______________________________

____

Bakterie ______________________________

____

Organismus ______________________________

____

organisch ______________________________

____

Faktor ______________________________

____

Sauerstoff ______________________________

____

Mineralstoff ______________________________

____

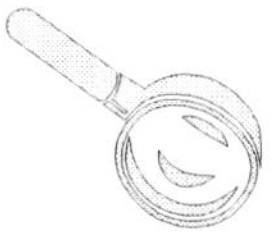

Transfer

Lexikonseite

Gestalte mit den gefundenen Umschreibungen eine eigene Lexikonseite! Beachte dabei folgende Punkte:

- alphabetische Reihenfolge
- Stichwörter mit Farbe
- schöne Schrift
- ausreichender Rand
- Zeilenabstände
- Seiteneinteilung

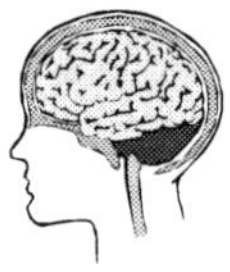

Aktivierung

Nahrungsbeziehungen im Wald

Im Wald leben viele verschiedene Tiere, die sich von Pflanzen ernähren. Eichhörnchen fressen Eicheln.
Die Raupen des Eichenwicklers (Schmetterlingsart) verzehren nach dem Schlüpfen die jungen, frischen Eichenblätter.
Tiere, die Pflanzen fressen, können gleichzeitig selbst Nahrung für andere Tiere sein: Eichhörnchen werden von Baummardern erbeutet. Die Rote Waldameise frisst die Eichenwickler-Raupe. Sie ist aber wiederum Beute des Grünspechts, der oftmals von Habichten verzehrt wird. Auch der Baummarder wird von Habichten gefressen.
So entsteht eine Nahrungskette, die aus Erzeugern (alle Pflanzen) und Verbrauchern (alle Pflanzen- bzw. Fleischfresser) besteht. Die Erzeuger nennt man auch Produzenten, zu den Verbrauchern sagt man auch Konsumenten.

Lies den Text aufmerksam durch!

Markiere folgende Wörter mit einem Textmarker! Wörter, die mehrmals vorkommen, markiere nur einmal!

Baummardern, Rote Waldameise, Pflanzen, Habichten, Grünspechts, Eichenblätter, Pflanzen- bzw. Fleischfresser, Eichenwickler-Raupe, Erzeugern, Verbrauchern, Eicheln, Eichhörnchen

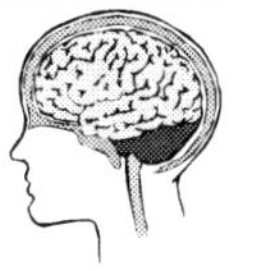

Aktivierung

Nahrungsbeziehungen im Wald

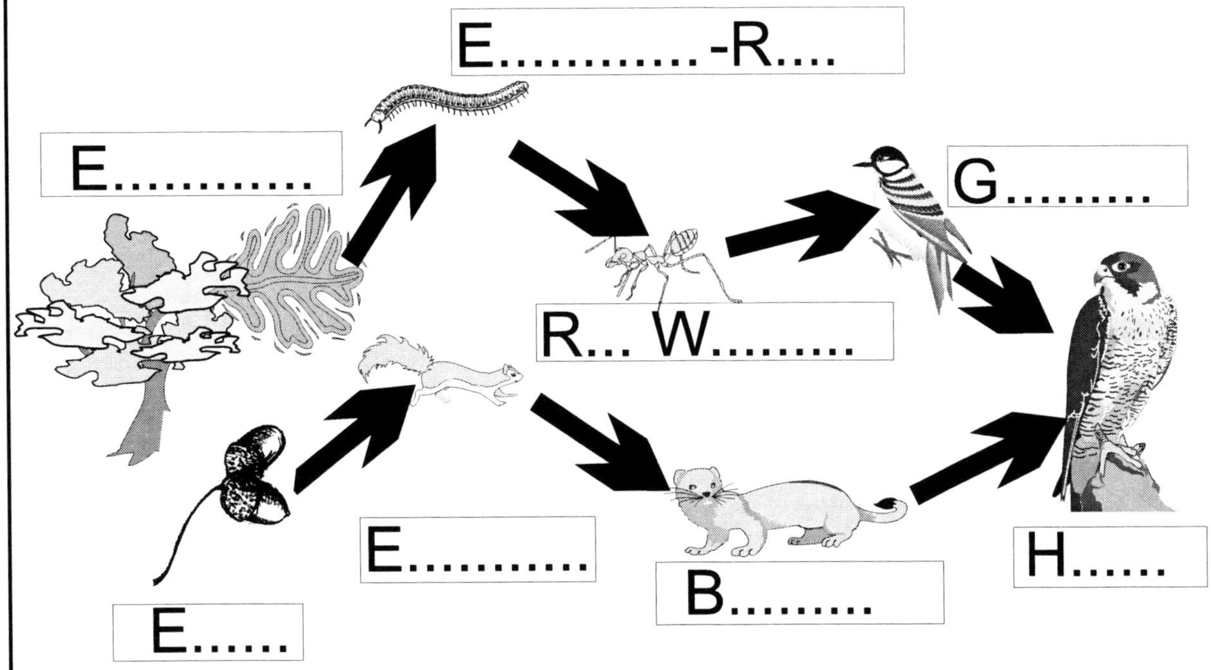
E.......... -R....
E..........
G........
R... W........
E..........
B........
H.....
E......

Nahrungsketten

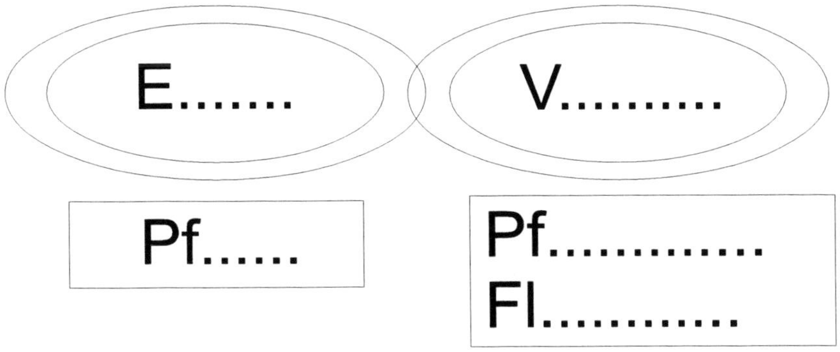
E.......
V.........
Pf......
Pf............
Fl...........

Ergänze das Schaubild mit den markierten Wörtern des Textes! Die Anfangsbuchstaben helfen dir!

Bemale die Kästchen der Pflanzenfresser grün, die Kästchen der Fleischfresser rot!

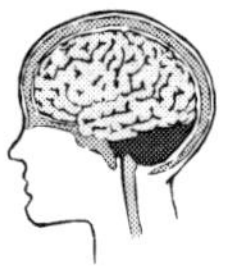

Training

Nahrungsbeziehungen im Wald

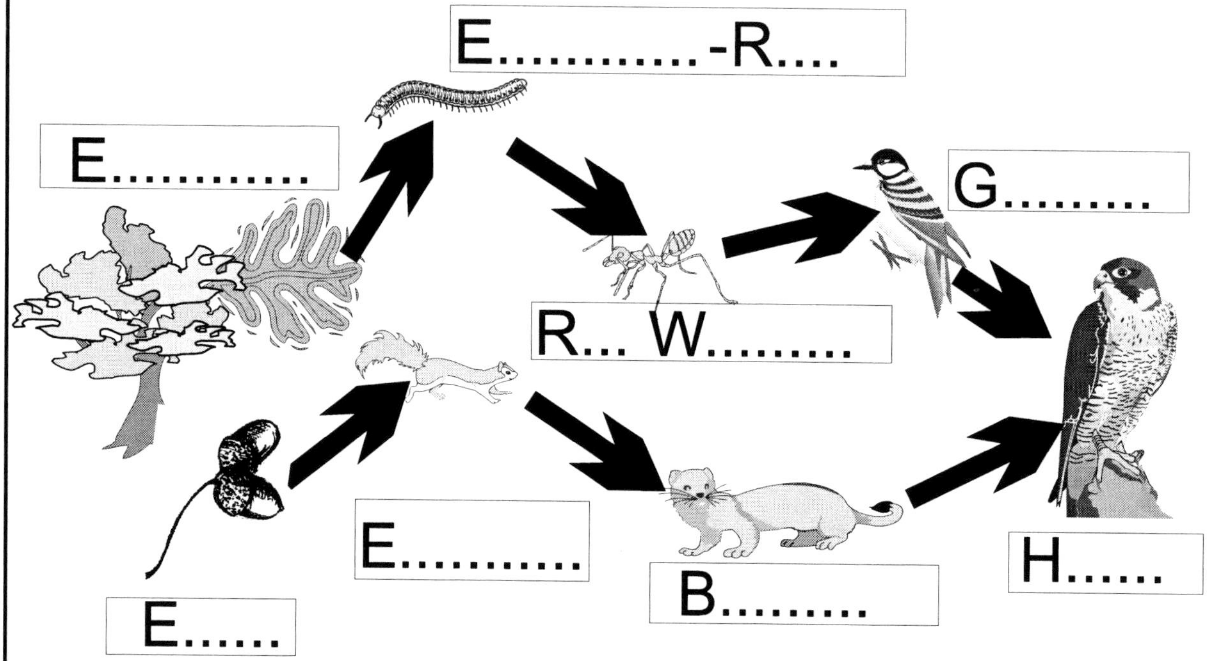
E...........-R...
E...........
G.........
R... W.........
E..........
B.........
H......
E......

Nahrungsketten

E.......

V..........

Pf......

Pf.............
Fl............

Ergänze das Schaubild mit folgenden Wörtern! Die Anfangsbuchstaben helfen dir!

Baummarder, Rote Waldameise, Pflanzen, Habicht, Grünspecht, Eichenblätter, Pflanzenfressser, Fleischfresser, Erzeuger, Eichenwickler-Raupe, Verbraucher, Eicheln, Eichhörnchen

Bemale die Kästchen der Pflanzenfresser grün, die Kästchen der Fleischfresser rot!

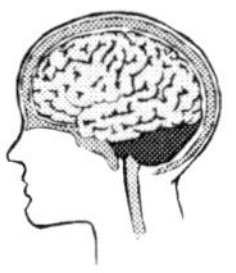

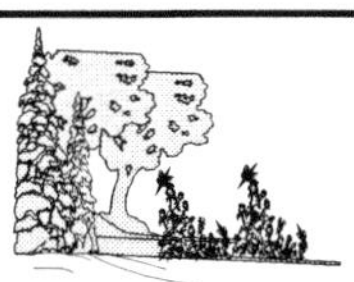

Transfer

Wald

Person *Tanne* *Hain* *Tier* *Frost*

Mensch

Wesen *Sonne* *Gestalt*

Schneise *Gehölz*

Unterholz *Schonung* *Lichtung* *Wäldchen* *Haus*

Suche die neun Begriffe, die zum Oberbegriff „Wald“ passen, und schreibe sie in die leeren Felder des Baumes!

Ordne die Begriffe alphabetisch und schlage ihre Bedeutung im Wörterbuch nach!

Aktivierung

1.
Lothar F., Revierförster, sieht die ausgelichteten Wipfel kranker Fichten. „Folgen der Umweltverschmutzung, der Abgase und des sauren Regens", erklärte er. „Die Bäume gehören schon längst weg. Aber bei den niedrigen Holzpreisen lassen viele ihren Wald einfach verkommen."

2.
In Deutschland und Österreich wurde der Wald schon früh als wichtiger Schatz erkannt. Er wird genutzt, ohne verbraucht zu werden. Es darf nie mehr Holz entnommen werden, als im gleichen Zeitraum nachwächst. Natürlich gibt es trotzdem Gefahren für den Wald. Luftschadstoffe – oft „Grüße" unserer Nachbarländer –, Sturm, Frost und Schädlinge lassen sich nicht in die Schranken weisen.

3.
Das Schlagwort vom „Waldsterben" hat früher durchaus seine Berechtigung gehabt. Ebenso wie das vom „sauren Regen", der die Ursache dafür war. Noch vor wenigen Jahren jagten nämlich Fabriken, Ölkraftwerke und Müllverbrennungsanlagen ihren Rauch ungefiltert in die Luft. Viele Schadstoffe kamen auch aus dem benachbarten Ausland. Das im Rauch enthaltene Schwefeldioxid verband sich mit Regen zu einer Säure. Die Bäume wurden davon krank. Auch die vielen Autos im Land trugen zur Luftverschmutzung bei. Sie fuhren damals noch ohne Katalysator. Ihre ungefilterten Abgase machten den Bäumen ebenfalls zu schaffen. Heute ist die Luft besser. Filter stecken in vielen Schloten und Auspuffrohren.

4.
Heute sind etliche einheimische Bäume und Sträucher in ihrem Bestand gefährdet. Die Esche gehört dazu und die Eiche, die Ulme und die Tanne. Insgesamt 78 Gewächse unserer ehemals schönen Mischwälder drohen zu verschwinden. Mit den gefährdeten Bäumen verlieren gleichzeitig viele Kleintiere ihren Lebensraum. Käfer, Schmetterlinge, aber auch Vögel wie Kleiber und Buntspecht verschwinden.

(alle Texte. www.buchklub.at, gekürzt)

Lies die Texte aufmerksam, sodass du die Fragen auf Seite 100 beantworten kannst!

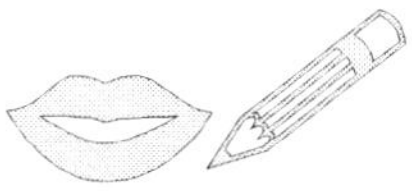

Aktivierung

Welche Baumarten sind in unseren Wäldern besonders gefährdet und welche Auswirkungen hat dieser Umstand noch? (Text 4)

Welche natürlichen „Gefahren“ schädigen den Wald? (Text 2)

Was versteht man unter dem Begriff „saurer Regen“? (Text 3)

Welches Thema wird in allen vier Texten behandelt?

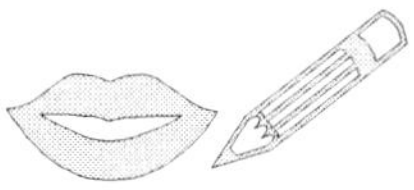

Training

Das Schlagwort vom „Waldsterben" hat früher duchaus seine Berechtigung gehabt. Ebenso wie das vom „sauren Regen", der die Ursache dafür war.

✓ Noch vor wenigen Jahren jagten nämlich Fabriken, Ölkraftwerke und Müllverbrennungsanlagen ihren Rauch ungefiltert in die Luft. Das im Rauch enthaltene Schwefeldioxid verband sich mit Regen zu einer Säure (saurer Regen). Die Bäume wurden davon krank.

✓ Auch die vielen Autos im Land trugen zur Luftverschmutzung bei. Sie fuhren damals noch ohne Katalysatoren. Ihre ungefilterten Abgase machten den Bäumen ebenfalls zu schaffen. Heute ist die Luft besser. Filter stecken in vielen Schloten und Auspuffrohren.

✓ Achtlos weggeworfener Müll im Wald auf sogenannten „wilden Deponien" verschlechtert auch den Gesundheitszustand der Bäume, da Schadstoffe in den Boden eindrangen und dadurch die Humuserde vergifteten.

(www.buchklub.at, gekürzt)

Die drei Hauptursachen für kranke Bäume sind:

a) Saurer Regen ____________________

____

____

b) Abgase (Luftverschmutzung) ____________

____

____

c) Umweltverschmutzung ______________

____

____

Lies den Text aufmerksam, sodass du die Zusammenfassung ergänzen kannst! Beachte die unterstrichenen Wörter!

Transfer

Der Wald

Der Wald ist ein reinigender Luftfilter und Wasserspeicher.
Sein Boden filtert Schmutz- und Schadstoffe aus den einsickernden Niederschlägen und sorgt so für sauberes Trinkwasser. Der Wald festigt den Boden und verhindert Muren oder den Abtrag durch Wind. Im Winter schützt er Siedlungen und Verkehrswege vor Lawinen. Und er liefert den wertvollen Rohstoff Holz. Viele Holzprodukte des täglichen Gebrauchs – Möbel, Bücher, Zeitungen – würden uns sehr fehlen.

In Deutschland sind rund 31 Prozent des Staatsgebiets mit Wald bedeckt. Und unsere Waldfläche wird seit Jahren größer! Pro Sekunde wächst ein Kubikmeter Holz dazu. Der Wald liefert Holz, einen Rohstoff, der in Deutschland ausreichend vorhanden ist und ständig nachwächst – in Deutschland durchschnittlich 3500 ha pro Jahr.

Die Holzindustrie besteht aus drei Teilen:

a) der Stammholzgewinnung (umfasst das Fällen der Bäume, das Zuschneiden und den Transport ins Sägewerk)

b) den Sägewerken (Sie produzieren aus Stämmen Bauholz in bestimmten Formen wie Balken, Pfosten, Bretter, Schindeln und Latten.)

c) der Holzplattenindustrie (Die Holzplattenindustrie verwendet Holzfurniere = dünne Platten und Holzreste und stellt daraus Sperrholz, Hartfaserplatten und andere Materialien her.)

Der Wald leistet viel. Es ist aber auch viel Arbeit notwendig, um ihn gesund zu erhalten. Die Forstleute sorgen dafür, dass sich die Bäume nicht „im Weg stehen" und sich so gegenseitig am Wachsen hindern.
Ein wichtiger Abnehmer für das bei der Durchforstung gewonnene Holz ist die Papier- und Spanplattenindustrie.

Lies den Text und markiere jene Stellen mit einem Textmarker, die Auskunft über die Holzverwertung geben!

Übertrage die Markierungen auf ein Notizblatt!

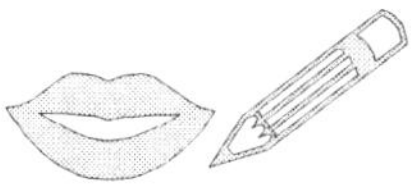

Transfer

- Schreibe die unterstrichenen Textstellen stichwortartig auf!

- Ordne die Stichworte in der Abfolge deines Vortrags!

- Wähle einen Einstieg, der die Aufmerksamkeit der Zuhörer und Zuhörerinnen weckt!
  z. B.: Wisst ihr eigentlich, wie aus einem Baum ein …

- Füge kurze Sprechpausen und Wiederholungen ein, damit dein Publikum dem Vortrag gedanklich folgen kann!

- Überlege dir einen passenden Schluss, damit die Zuhörer und Zuhörerinnen deine Informationen in Erinnerung behalten!
  z. B.: Zum Schluss habe ich euch noch etwas mitgebracht, dass …

- Sprich deinen Vortrag bereits zu Hause auf Kassette oder trage ihn einer Person vor!

Halte einen kurzen Vortrag über die Holzverwertungsmöglichkeiten! Beachte dabei die Tipps!

Diagnose **Feed-back-Bogen**

IM WALDREICH

Name: ______________________________

IM LEXIKON NACHSCHLAGEN, FACHBEGRIFFE UND FREMDWÖRTER ERKLÄREN UND VERWENDEN

- ☐ Fachbegriffe richtig zugeordnet
- ☐ Bedeutung der Fachbegriffe richtig erklärt
- ☐ Bedeutung der Fremdwörter richtig im Lexikon nachgeschlagen
- ☐ Die Erklärung der Fremdwörter richtig abgeschrieben
- ☐ Lexikonseite übersichtlich gestaltet

MARKIEREN, SCHAUBILD VERVOLLSTÄNDIGEN, BEGRIFFE ZUORDNEN

- ☐ Alle Schlüsselbegriffe im Text richtig markiert
- ☐ Begriffe im Schaubild vollständig ergänzt
- ☐ Kästchen korrekt bemalt
- ☐ Begriffe richtig zugeordnet

FRAGEN BEANTWORTEN, ZUSAMMENFASSUNG ERGÄNZEN, KURZVORTRAG HALTEN

- ☐ Sachtexte inhaltlich erfasst
- ☐ Fragen inhaltlich richtig beantwortet
- ☐ Die Zusammenfassung korrekt ergänzt
- ☐ Schlüsselbegriffe im Text richtig markiert
- ☐ Alle Informationen aus dem Stichwortzettel verwendet
- ☐ Interessanten Einstieg in das Thema gewählt
- ☐ Den Inhalt verständlich erzählt
- ☐ Eindrucksvollen Schluss gewählt

Persönliche Bemerkungen:

Diagnose **Lerntagebuch**

IM WALDREICH

Ein Tagebuch dient dazu, seine Erlebnisse, Gefühle und Gedanken aufzuschreiben. Das Lerntagebuch soll dir helfen, dein eigenes Lernen genauer unter „die Lupe zu nehmen“, deine Stärken und Schwächen besser einzuschätzen und selbstständig zu überlegen, was du noch besser machen könntest. Schreibe daher nach dem Bearbeiten der einzelnen Aufgaben zum Thema „Im Waldreich“ auf, was du gelernt hast, was du bereits gut kannst, was dir Spaß gemacht hat und was noch Probleme bereitet!

Das habe ich gelernt:

Besonders leicht gefallen ist mir:

Das gefiel mir besonders gut:

Das muss ich noch üben:

Methodenzirkel

IM TIERHEIM

Im Methodenzirkel übst du viele Lern- und Arbeitstechniken, die du in den einzelnen Kapiteln kennengelernt hast, nochmals!

Aktivierung

- ☐ 1 Bemalen, Benennen
- ☐ 2 Ausschneiden
- ☐ 3 Ordnen
- ☐ 4 Nachschlagen

Training

- ☐ 5 Diagramme zeichnen, Tabellen lesen
- ☐ 6 Markieren
- ☐ 7 Ein Schaubild vervollständigen
- ☐ 8 Sätze formulieren

Transfer

- ☐ 9 Eine Wegbeschreibung notieren
- ☐ 10 Fremdwörter nachschlagen und erklären
- ☐ 11 Einen Text schreiben
- ☐ 12 Vorlesen
- ☐ 13 Einen Text schreiben

1 2

Aktivierung

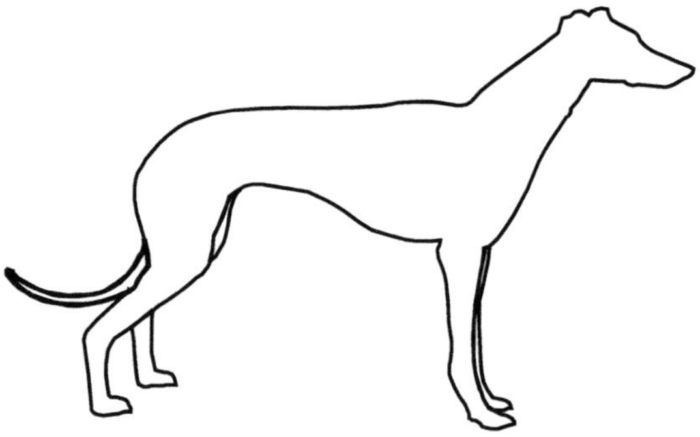

Die Katze besitzt ein goldbraunes Fell. Nur der Brust- und Hüftbereich bleibt weiß. Der Hase hat ein weißes Fell; die Augen sind rot (Albino). Der Greyhound hat ein grau-beiges Fell. Der Goldhamster soll rotbraun bemalt werden. Der Wellensittich hat ein gelbes Gefieder; der Brustbereich bleibt weiß.

Bemale und benenne die Tiere nach den oben stehenden Angaben!

Schneide die Tierbilder aus und klebe sie in die passende Umgebung auf der dafür vorgesehenen Seite (Seite 109)!

1 2

Aktivierung

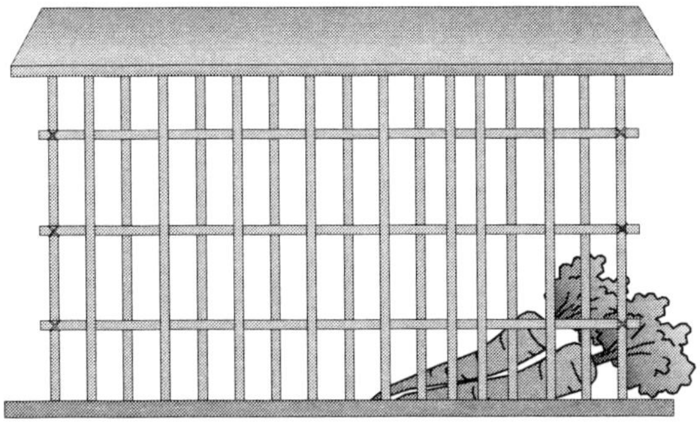

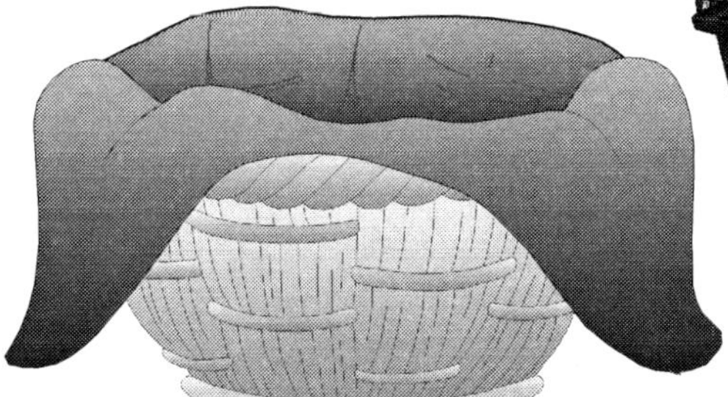

3 4 **Aktivierung**

Schreibe die Vorfahren der Haustiere unter das passende Bild!

Ägyptische Falbkatze, Wolf, Girlitzkanarie, Feldhase, Feldhamster

Suche im Internet oder in verschiedenen Lexika nach Informationen zu den Vorfahren! Berichte deinem Lernpartner, deiner Lernpartnerin!

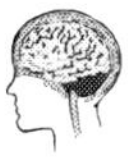 5 

Training

Geldsorgen

Im Tierheim gibt es große Probleme: Die Spendengelder der vergangenen Woche reichen nicht aus, die Futterkosten abzudecken!

Diagramm 1

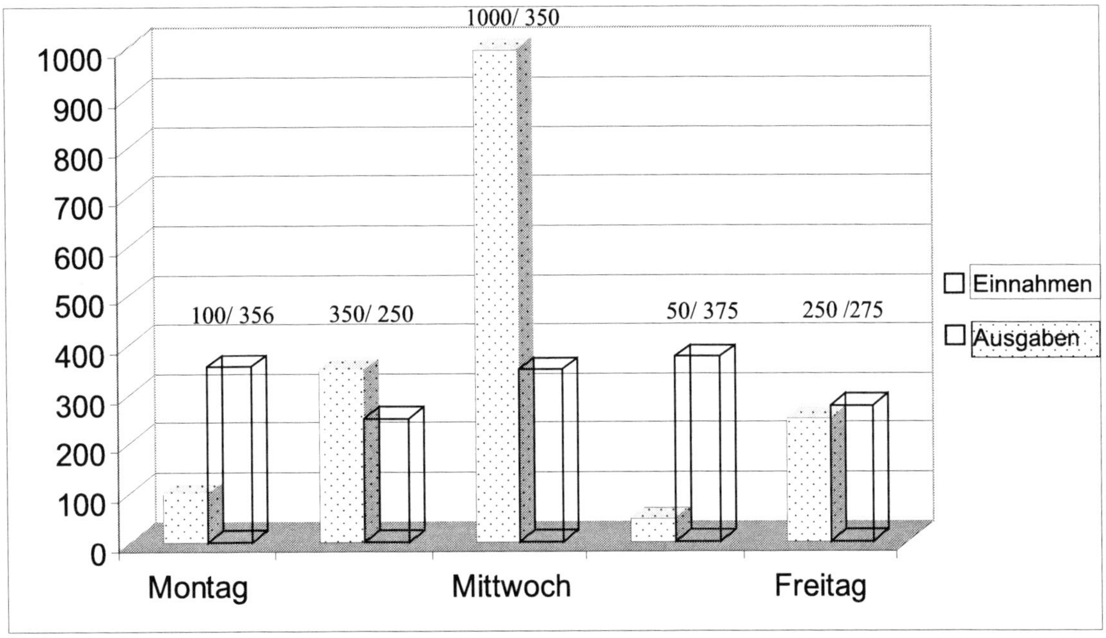
1000/ 350
1000
900
800
700
600
500
400
300
200
100
0
100/ 356
350/ 250
50/ 375
250 /275
Montag
Mittwoch
Freitag
Einnahmen
Ausgaben

Diagramm 2

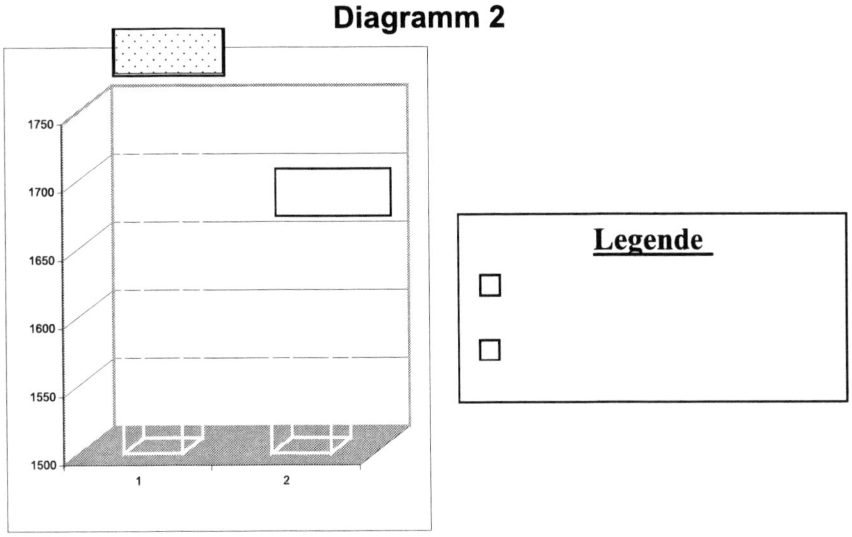
1750
1700
1650
1600
1550
1500
1
2
Legende

Bemale im Diagramm 1 die Einnahmensäulen grün, die Ausgabensäulen rot!

Berechne die Ergebnisse aller Einnahmen und Ausgaben und trage sie als Säulen in das Diagramm 2 ein! Verwende wieder Rot und Grün und ergänze die Legende (Erklärung am Diagrammrand)!

6  **Training**

Katzenbetreuung

Familie Feichtinger holt sich eine Katze aus dem Tierheim.
Vorher hat sie sich Informationen über die Katzenbetreuung besorgt.

Wo schläft deine Katze?

In der Regel sucht sich die Katze ihren Schlafplatz selbst aus. Der Platz sollte nicht zugig, sondern warm und kuschelig sein. Wenn du sie auf Kissen schlafen lässt, dann schüttle die Kissen ab und zu aus und wasche sie.

Was gibt es zu essen?

Hauskatzen sollte man nicht wie einen „Mülleimer" behandeln. Wer für seine Katze kochen will, kann dafür Bücher mit Rezepten erwerben. Wenn du Trockenfutter anbietest, solltest du unbedingt darauf achten, dass die Katze ausreichend Wasser trinkt.

Die Pflege

Die Katzenklos, die es zu kaufen gibt, sind zirka 42x29 cm bzw. 50x35 cm groß; das reicht völlig aus. Die Katzenstreu soll Geruch verhindern.
Die „Geschäfte“ der Katze sollen gleich beseitigt werden, die Streu wird wöchentlich gewechselt. Dabei musst du auch das Kistchen mit viel Wasser und wenig Spülmittel auswaschen.
Die Futternäpfe reinigst du am besten täglich, denn Katzen reagieren sehr empfindlich auf Geruch. Noch etwas zum Katzenklo: Es sollte möglichst weit vom Futter entfernt stehen, denn in der freien Natur suchen sich Katzen auch ein stilles Örtchen, wo sie unbeobachtet sind.

Markiere die Antworten auf folgende Fragen im Text mit Textmarker!

- Wie sollte der Schlafplatz einer Katze sein?
- Wie oft wäscht man den Futternapf aus?
- Wozu verwendet man Katzenstreu?
- Was sollte jemand tun, der für seine Katze kochen möchte?
- Wann sollte man darauf achten, dass Katzen ausreichend Wasser trinken?

7  **Training**

Katzenbetreuung

Schlafplatz
- nicht . . . . .
- w . . . und k . . . .

Fressen
- ausreichend Wasser
- kochen für die Katze
  - T . . . . anbieten
  - R . . . . erwerben

Pflege
- Katzenklo → Größe:
- Futternäpfe → 1x t . . . . . . auswaschen

Ergänze das Schaubild mit den Angaben aus dem Text von Seite 112!

8  **Training**

Geldsorgen

Das Tierheim hat zu wenig Geld. Durch Veranstaltungen beziehungsweise Aktionen möchten die Mitarbeiter und Mitarbeiterinnen auf das Problem aufmerksam machen.

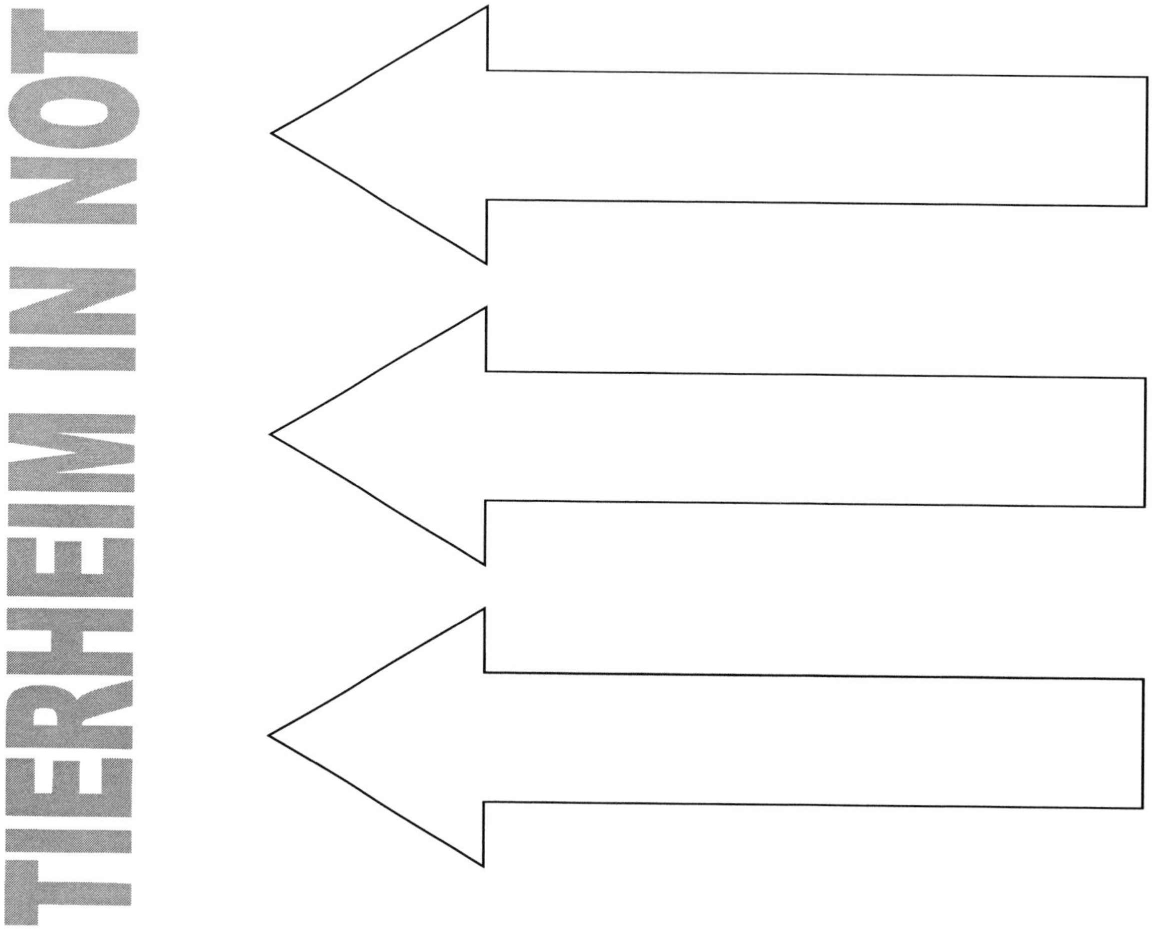
TIERHEIM IN NOT

Schreibe drei unterschiedliche Vorschläge in die Pfeile!

9 **Transfer**

Besuch im Tierheim

Maria und Herbert aus Musterhausen wollen mit dem Auto ins Tierheim nach Ideenstetten fahren. Ein Freund erklärt ihnen die Anreise mit Hilfe des Stadtplans!

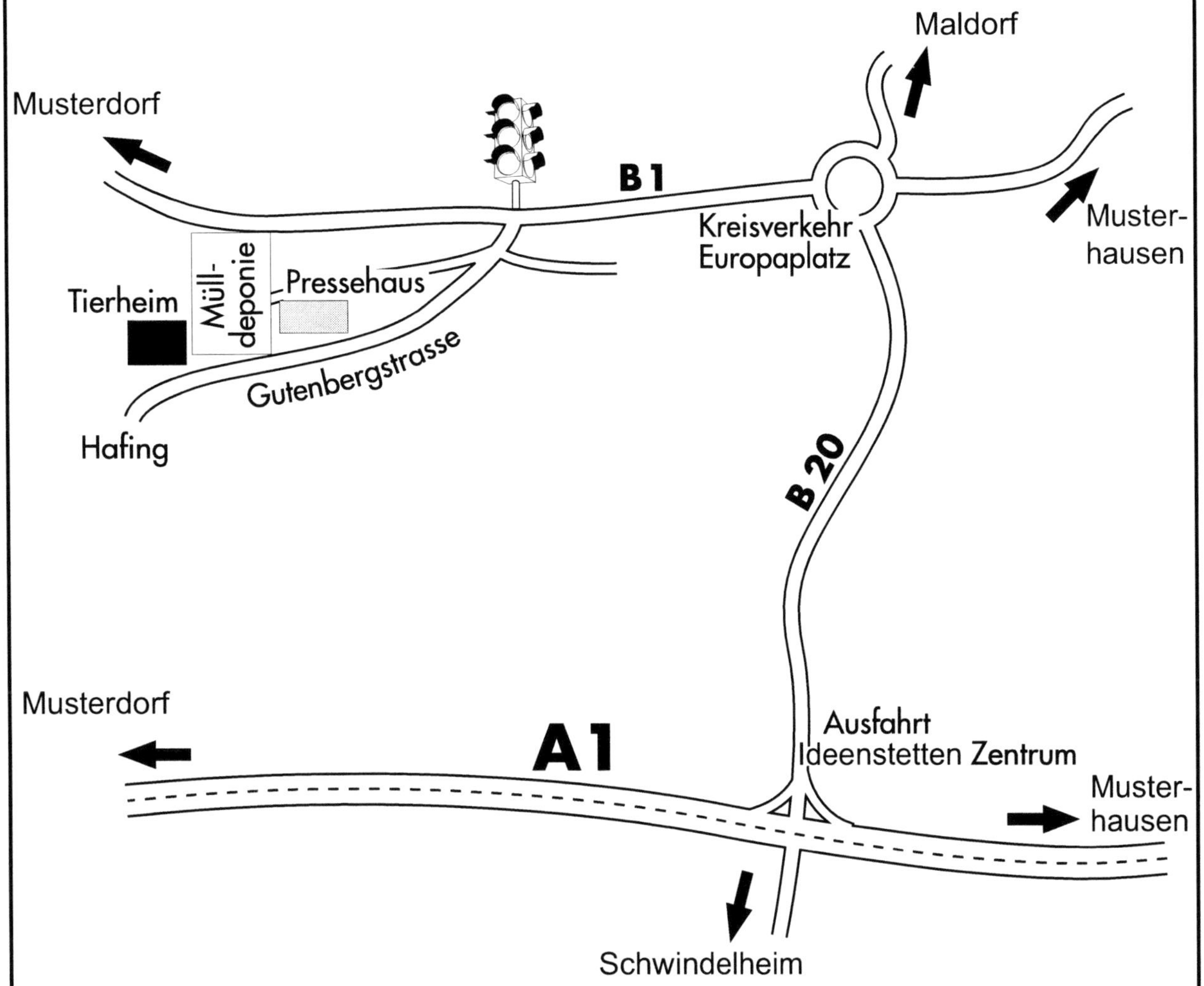
Maldorf
Musterdorf
B 1
Kreisverkehr Europaplatz
Muster-hausen
Tierheim
Müll-deponie
Pressehaus
Gutenbergstrasse
Hafing
B 20
Musterdorf
A1
Ausfahrt Ideenstetten Zentrum
Muster-hausen
Schwindelheim

Notiere die Wegbeschreibung!
Beginne so:

Du kommst auf der A1 aus der Fahrtrichtung Musterhausen. Bei der Ausfahrt Ideenstetten Zentrum musst du die Autobahn verlassen. Danach ...

10 11   **Transfer**

Unser Tierheim ist voll!

Hafing, 20.09.2002: Gestern wurde bei einer Pressekonferenz im Hafinger Tierschutzhaus eindrucksvoll auf die Platznot der dort lebenden Tiere hingewiesen:
40 Journalisten wurden in einen Raum gebeten, der eine Größe von 4 x 4,4 Meter aufwies. Damit sollte der akute Platzmangel verdeutlicht werden. Hier appellierte der Direktor des Hauses, Herr Kaufiger, die Tiere nicht unüberlegt zu kaufen und sie nach wenigen Wochen oder Monaten einfach auszusetzen. Sein Heim sei übervoll und könne keine Tiere mehr aufnehmen. Der dringend notwendige Zubau müsse aufgrund finanzieller Nöte immer wieder verschoben werden.
Sponsoren werden dringend gesucht.

Lies den Zeitungsartikel und kläre die Bedeutung der unterstrichenen Wörter mit Hilfe des Wörterbuchs!

Schreibe zu diesem Zeitungsartikel einen Leserbrief! Die nachfolgenden Satzanfänge helfen dir dabei.

Sehr geehrter Herr Chefredakteur!

Als ich den Artikel in Ihrer Zeitung las, ...

Erst vor kurzer Zeit beobachtete ich ...

Leider gibt es immer wieder ...

Meine Klasse und ich wollen daher ein Projekt ...

12 **13** **Transfer**

Hallo, ich bin Jack!

Mein jetziges Frauchen hat mich vor 2 Jahren aus dem Tierheim geholt. Zuerst habe ich getestet, ob sie es auch wirklich ehrlich mit mir meint: Ich habe viel Blödsinn angestellt und geschaut, wie sie reagiert.
Fremde konnte ich überhaupt nicht ausstehen und wollte sie sofort fressen (Bei einigen habe ich es auch fast geschafft!).
Am Anfang war ich auch nicht von Leuten begeistert, die sich in meiner Wohnung bewegt haben.
Inzwischen habe ich gelernt, dass die meisten Menschen lieb sind.
Auf der Straße lasse ich inzwischen die Leute in Ruhe, solange sie mich nicht angreifen. Und in meiner Wohnung bin ich überhaupt ein „Lämmchen“ geworden.
Das einzige, wozu mich mein Frauchen noch nicht überreden konnte, ist, dass ich den Briefträger in die Wohnung lasse, denn immerhin bin ich ja hier der Boss!
Im Augenblick nimmt mich mein Frauchen jeden Samstag mit auf einen großen Platz, wo ich viele andere Hunde treffe. Dort muss ich immer „Sitz“ und „Platz“ machen und hin- und herlaufen. Das ist zwar langweilig, denn ich kann das ja alles schon, aber ich treffe dort viele Hundefreunde, und ich kann den anderen zeigen, wie ein gut erzogener Hund sein kann!
Tschüss, euer Jack!

(www.wufidog.de, verändert)

Bereite die Geschichte zum Vorlesen vor! Beachte dabei die Regeln zum Vorlesen im Kapitel „Abenteuer Schule“ auf der Seite 35!

Was dachte sich Jack, als er sein Frauchen das erste Mal im Tierheim sah? Schreibe seine Gedanken auf!

Diagnose **Feed-back-Bogen**

IM TIERHEIM

Name:______________________________

BEMALEN, BENENNEN, ORDNEN, NACHSCHLAGEN

☐ Flächen exakt bemalt
☐ Tiere richtig benannt
☐ Kanten ordentlich ausgeschnitten
☐ Sorgfältig aufgeklebt
☐ Richtig zugeordnet
☐ Informationen im Lexikon gefunden

DIAGRAMME ZEICHNEN, MARKIEREN, EIN SCHAUBILD VERVOLLSTÄNDIGEN

☐ Säulen mit der richtigen Farbe bemalt
☐ Fehlerlos ergänzt
☐ Richtig beschriftet
☐ Fehlerfrei markiert
☐ Das Schaubild richtig ergänzt
☐ Wörter richtig abgeschrieben
☐ Drei sinnvolle Vorschläge eingetragen

NOTIEREN, FREMDWÖRTER ERKLÄREN, EINEN TEXT SCHREIBEN, VORLESEN

☐ In ganzen Sätzen geschrieben
☐ Verständlich erklärt
☐ Fremdwörter korrekt erklärt
☐ Satzanfänge richtig eingebaut
☐ Verständlich – ohne Gedankensprünge geschrieben
☐ Lebendig vorgelesen
☐ Frage richtig beantwortet

Persönliche Bemerkungen:

Diagnose **Lerntagebuch**

IM TIERHEIM

Ein Tagebuch dient dazu, seine Erlebnisse, Gefühle und Gedanken aufzuschreiben. Das Lerntagebuch soll dir helfen, dein eigenes Lernen genauer unter „die Lupe zu nehmen“, deine Stärken und Schwächen besser einzuschätzen und selbstständig zu überlegen, was du noch besser machen könntest. Schreibe daher nach dem Bearbeiten der einzelnen Aufgaben zum Thema „Im Tierheim“ auf, was du gelernt hast, was du bereits gut kannst, was dir Spaß gemacht hat und was noch Probleme bereitet!

Das habe ich gelernt:

Besonders leicht gefallen ist mir:

Das gefiel mir besonders gut:

Das muss ich noch üben:

VON TROLLEN UND ANDEREN FABELWESEN

Seite 15

Jede der kleinen Prinzessinnen hatte ihren kleinen Fleck im Garten, wo sie graben und pflanzen konnten, ganz wie sie wollten. Eine gab ihrem Blumenbeet die Gestalt eines Wales, einer anderen erschien es hübscher, dass das ihre einem Meerweiblein glich, aber die Jüngste machte ihr Beet ganz rund wie die Sonne und hatte nur Blumen darauf, die so rot wie diese leuchteten. Ganz besonders wunderbar und herrlich erschien es ihr, dass oben auf der Erde die Blumen dufteten. Denn das taten sie auf dem Meeresboden nicht, und dass die Wälder grün waren und die Fische, die man dort auf den Zweigen sieht, so laut und lieblich singen konnten, dass es eine Lust war. Sie kannte keine größere Freude, als von der Menschenwelt zu hören, die alte Großmutter musste ihr alles erzählen, was sie wusste von den Schiffen und Städten, Menschen und Tieren. „Wenn ihr euer fünfzehntes Jahr erreicht habt," sagte die Großmutter, „so werdet ihr die Erlaubnis bekommen, aus dem Meere emporzutauchen, im Mondschein auf den Felsen zu sitzen und die großen Schiffe vorbeisegeln zu sehen, auch die Wälder und Städte sollt ihr dann sehen!"

Seit langer Zeit waren die Athener dem König Minos von Kreta zu großen Opfern verpflichtet. Alle neun Jahre mussten sieben der schönsten Knaben und Mädchen nach Kreta gesandt werden. Dort wurden sie dem grässlichen Minotauros, einem Wesen, das halb Stier, halb Mensch war, in dem von Daidalos erbauten Irrgarten zum Fraße vorgeworfen. Theseus erbot sich freiwillig, nach Kreta zu ziehen. Nicht als hilfloses Opfer wollte er vor den König Minos treten, sondern um das schreckliche Wesen in seinem Irrgarten zu erlegen und damit die Stadt Athen zu befreien. Vergeblich beschwor ihn sein Vater, von dem gefährlichen Abenteuer abzulassen. Doch der Jüngling war längst fest entschlossen, sein Leben einzusetzen. „Sei versichert", tröstete er den bekümmerten Vater, „dass ich wiederkehre".

Mit günstigem Fahrtwind gelangte Theseus mit seinen Gefährten nach Kreta und trat vor den König Minos hin. Als des Königs Tochter Ariadne den herrlichen Jüngling erblickte, fasste sie tiefe Zuneigung zu ihm. „Ich will dir helfen, den schweren Kampf zu bestehen", flüsterte sie ihm zu und dabei händigte sie ihm ein Garnknäuel aus. „Knüpf es am Eingang des Labyrinths an und lasse es ablaufen, während du durch die verwirrenden Irrgänge schreitest. So wirst du den Rückweg nicht verfehlen!" Voller Zuversicht drang Theseus in das Labyrinth ein, bis er zu der Stelle kam, wo der Minotaurus hauste. Mutig stellte der Held das Untier zum Kampfe und erschlug es. Der Faden der Ariadne führte ihn sicher aus dem Gewirr der engen Gänge zurück zu den ängstlich wartenden Knaben und Mädchen, die er am Eingang der Höhle zurückgelassen hatte und die ihn nun mit großer Freude begrüßten, und sogleich rüsteten Theseus und die Gefährten wieder zur Abfahrt.

Seite 17

Troll: Höhlen, aßen, Dunkelheit, verletzbar, versteinerten, Mädchen

Minotauros: Menschenleib, schneeweißen, Labyrinths, Menschenopfern, Gebühr

Seite 18

Schloss der Meerjungfrau: Blütenblätter, Kirchtürme, Meervolk, Korallen, Dach, Perlen, Mutter, sechs, Enkelinnen, klar und zart, Fischschwanz

ABENTEUER SCHULE

Seite 38

Feld 1: Schule, Schulhaus, Tafel, Tisch, Tinte, Turnsaal, Lehrer

Feld 2: Biologie, Geografie, Geschichte, Musik, Mathematik, Deutsch

Feld 3: Professor, Pause, Klavier, Klasse, Direktor, Heft

Seite 39

Bereite dich auf das Vorlesen deines Textes sorgfältig vor! Lies den Text mehrmals aufmerksam durch, sodass du den Inhalt sehr gut verstehst! Mach zu Hause eine Probe und lass eine Kassette mitlaufen! Sprich deutlich und verschlucke keine Silben! Trage nicht zu schnell vor, auch wenn du den Text gut kennst! Mache nach jedem Punkt eine Pause, damit die Zuhörer und Zuhörerinnen besser mitdenken können! Hebe wichtige

Satzteile oder Sätze durch lauteres und langsameres Sprechen hervor! Stehe möglichst ruhig und fuchtle vor den Zuhörern und Zuhörerinnen nicht mit den Händen! Halte Blickkontakt während des Vorlesens!

Seite 42

das Vorlesen, mehrmals, eine Probe, deutlich, den Text, in die Situation der Geschichte, Pause, Sprechen, ruhig, Blickkontakt

Seite 43/44

1, 4, 3, 6, 2, 7, 5, 8

Seite 46

Zu Beginn lies das Gedicht einmal langsam durch! Zeichne zu jeder Strophe ein Bild, das den Inhalt wiedergibt! Lies nun die erste Strophe des Gedichts laut vor! Lege dein gezeichnetes Bild dazu! Sprich nach dem Vorlesen die erste Strophe auf Kassette! Höre dir die Aufnahme der ersten Strophe mehrmals an und sprich dabei mit! Lege nun dein Bild der ersten Strophe vor dich hin und versuche den Text der ersten Strophe auswendig zu sprechen! Sprich dann den Text der ersten Strophe auswendig auf Kassette! Vergleiche anschließend mit der Textvorlage! Lerne nun schrittweise auch die anderen Strophen!

ISS DICH FIT!

Seite 59

Essen: ☹ Schweinschmalz und Speck/
☺ frisches Obst und Gemüse
Milch: ☹ Vollmilch / ☺ fettarme Milch
Brot/Semmeln: ☹ Weißbrot und Semmeln/
☺ Vollkornbrot
Getränke: ☹ Getränke mit viel Zucker/
☺ ungesüßte Getränke
Fette: ☹ Fastfood/
☺ kalt gepresstes Olivenöl

Seite 61

waagrecht: 1: Fastfood, 2: Kalorien, 3: joggen, 4: Softdrink
senkrecht: 1: Fitness, 2: Diät, 3: Menue, 4: Imbiss, 5: Vitamine
Lösungswort: Lasagne

Seite 63

Ersetze Cola durch zuckerfreie Limonade oder Fruchtsäfte! Lass den Aufzug stehen und nimm die Treppe! Zur Pause iss ein Vollkornbrot und Obst! Frage auch deinen Arzt um Rat!

FREIZEIT-ARTISTEN

Seite 73

Ursachen: Zusammenstöße mit Fußgängern oder Radfahrern, Einzelstürze, Hindernisse
Verkehrsflächen: Radwegen, Radfahrstreifen, Radfahrerüberfahrten, Gehwege, Gehsteige, Schutzwege, Mischflächen

Seite 77

Richtiges Fallen: zuerst auf die Knie fallen lassen, Finger nach oben, während Ellbogen- und Handgelenksschoner über den Boden schleifen
Richtiges Aufstehen: zuerst hinknien, einen Fuß aufstellen, mit beiden Händen gegen das Knie drücken und langsam aufstehen, vor der Weiterfahrt eine sichere Haltung einnehmen.

Seite 78

Betreten der Anlage/ Rücksichtnahme auf andere Skater/ Kreuzen der Spur/ Anpassung der Geschwindigkeit/ Freihalten der Anlage

Seite 84

Ich höre bei den Aufgaben gerne Musik. Ich telefoniere gerne lange mit meinen Freunden und Freundinnen. Ich arbeite und lerne immer unter Zeitdruck. Ich habe sehr viele zeitaufwendige Hobbys. Ich bin oft unpünktlich. Ich werde durch Besucher von der Arbeit abgelenkt. Ich verbringe viel Zeit vor dem Computer und Fernseher.

IM WALDREICH

Seite 90

Lebewesen, Umwelt
Biotop, Biozönose
Bäume, Sträucher Kräuter
Nahrungsketten, Produzenten,
Konsumenten, Destruenten

Seite 92

Unter Ökologie versteht man einen Teilbereich der Biologie, der die Beziehungen der Lebewesen zueinander und zu ihrer Umwelt beschreibt.

Das Zusammenwirken von einem Biotop und dazugehöriger Biozönose heißt Ökosystem.

Der Wald ist ein Ökosystem.

In einem Nahrungsnetz wirken Produzenten, Konsumenten und Destruenten zusammen.

Seite 93

Photosynthese, die – : ein biochemischer Vorgang
Organismus, der – : menschlicher Körper
Bakterie, die – : mikroskopisch kleine Lebewesen, oft Krankheitserreger,
organisch, körperlich bedingt
Faktor, der – : Umstand, Ursache
Sauerstoff, der – : chemisches Element
System, das – : Ordnung, einheitlich geordnetes Ganzes
Mineralstoff, der – : lebensnotweniger Bestandteil der Nahrung, der keine Energie liefert

Seite 99

Forst, Gehölz, Hain, Lichtung, Schneise, Schonung, Tanne, Unterholz, Wäldchen

Seite 101

Die Esche, die Eiche, die Ulme und die Tanne sind besonders gefährdet. Gleichzeitig verlieren viele Kleintiere wie Käfer, Schmetterlinge, aber auch Vögel, ihren Lebensraum.

Sturm, Frost und Schädlinge schädigen den Wald.

Das im Rauch enthaltene Schwefeldioxid aus Fabriken, Ölkraftwerken und Müllverbrennungsanlagen verbindet sich mit Regen zu einer Säure, von der die Bäume krank werden.

Waldsterben

IM TIERHEIM

Seite 112

Der Schlafplatz sollte nicht zugig, sondern warm und kuschelig sein.

Die Futternäpfe reinigt man täglich.

Die Katzenstreu soll den Geruch verhindern.

Hauskatzen sollte man nicht wie einen „Mülleimer" behandeln, sondern Rezepte erwerben.

Wenn man Trockenfutter anbietet, ...

Seite 113

Schlafplatz: nicht zugig, warm und kuschelig

Fressen: Trockenfutter anbieten, Rezepte erwerben

Pflege: Größe: 42 x 29 cm bzw. 50 x 35 cm, 1x täglich auswaschen

Seite 116

Pressekonferenz: Stellungnahme z. B. von Politikern bzw. Prominenten vor Journalisten

Journalisten: Berufsbezeichnung für einen Berichterstatter für Zeitungen, Zeitschriften, Hörfunk, Fernsehen, Film

akut: plötzlich auftretend
appellieren: auffordern
finanzielle Nöte: Geldnöte
Sponsor: finanzieller Förderer

Abraham, U. u.a.: Praxis des Deutschunterrichts. Arbeitsfelder. Tätigkeiten. Methoden. Donauwörth: Auer, 1998

Amann, K. u.a. (Hrsg.): Deutschunterricht. Erfahrungen, Modelle, Theorien. Innsbruck: Österreichischer Studienverlag, 1994

Astleitner, D./ **Wehlend**, G.: Entdeckungsreisen mit Leseforscher Franz – Arbeitshefte 1–4. Wien: HPT, 1997

Badegruber, B.: Offenes Lernen in 28 Schritten. Linz: Veritas, 1992[2]

Beisbart, O. u. a.: Leseförderung und Leseerziehung. Theorie und Praxis des Umgangs mit Büchern für junge Leser. Donauwörth: Auer, 1993.

Birkenbihl, V. G.: Stroh im Kopf. Gebrauchsanleitung fürs Gehirn. Landsberg: mvg, 1997

Brenner, G. (Hrsg.): Die Fundgrube für den Deutsch-Unterricht. Frankfurt am Main: Cornelsen Scriptor, 1995

Fisgus, C./ **Kraft**, G.: „Hilf mir es selbst zu tun!". Donauwörth: Auer, 1994

Gugl, G.: Methoden-Manual I & II: „Neues Lernen". Tausend neue Praxisvorschläge für Schule und Lehrerbildung. Weinheim: beltz, 1998

Karg, H. H./ **Schreiner,** K.: Aufsatzformen in der Sek. I. München: Oldenbourg, 1997[6]

Kliebisch, U. /**Schmitz**, P.: Methodentrainer. Berlin: Cornelsen, 2001

Klippert, H.: Kommunikationstraining. Übungsbausteine für den Unterricht. Weinheim/Basel: Beltz, 1998[4]

Klippert, H.: Methodentraining. Übungsbausteine für den Unterricht. Weinheim/Basel: Beltz, 1998[7]

Klippert, H.: Pädagogische Schulentwicklung. Planungs- und Arbeitshilfen zur Förderung einer neuen Lernkultur. Weinheim/Basel: Beltz, 2000

Klippert, H.: Teamentwicklung im Klassenraum. Übungsbausteine für den Unterricht. Weinheim/Basel: Beltz, 1998

Koechlin, C./ **Zwaan**, S.: Informationen: beschaffen, bewerten, benutzen. Mühlheim: Verlag an der Ruhr, 1998

Kret, E.: Anders Lernen. Tips für den offenen Unterricht. Linz: Veritas, 1997[3]

Lemberger, M.: Kompetenz lernen – Band 1 Strukturmodule für das Bildungswesen. Seebenstein: GS-Multimedia, 2003

Mettenleiter, P./ Nußbaum, R.: Unterrichtsideen Deutsch. 24 Vorschläge für einen anregenden Deutschunterricht. Stuttgart: Klett, 1992[3]

Pallasch, W./ **Zopf**, D.: Methodix. Bausteine für den Unterricht. Weinheim: Beltz, 1991[6]

Pallasch, W./ **Zopf**, D.: Praktix. Bausteine für den Unterricht II. Weinheim: Beltz, 1991[2]

Portmann, R./ **Schneider**, E.: Spiele zur Entspannung und Konzentration. München: Don Bosco, 1995

Portmann, R./ **Schneider**, E.: Spielen mit Buchstaben, Wörtern, Texten. München: Don Bosco, 1988

Praxis Deutsch 164/ Nov. 2000

Realschule Enger: Lernkompetenz I und II. Bausteine für eigenständiges Lernen. Berlin: Cornelsen, 2001.

Rooyackers, P.: 100 Spiele mit Sprache. Seelze: Kallmeyer, 1998

Schmalohr, E.: Das Erlebnis des Lesens. Grundlagen einer erzählenden Lesepsychologie. Stuttgart: Klett-Cotta, 1997

Schmitz, A.: Kreatives Schreiben in der Hauptschule. Psychologische Hilfe und pädagogische Chance bei der Erziehungsarbeit. Donauwörth: Auer, 1998

Schneider, M./ **Steininger**, E.: Spielmodelle. Wien: ÖBV, 1987

Schuster, K.: Einführung in die Fachdidaktik Deutsch. Baltmannsweiler: Schneider, 1993[2]

Sehrbrock, P.: Freiarbeit in der Sekundarstufe I. Frankfurt am Main: Cornelsen Scriptor, 1993

Stieren, B.(Hrsg.): Offener Unterricht im 5./6. Schuljahr. München: Oldenbourg GmbH, 1993

Wagerer, W. Gemeinsam sind wir unausstehlich. Geschichten rund um die Schule. Wien: Herder, 1989

Weinhäupl, W. (Hrsg.): Lust auf Schule. Offener Unterricht in der Mittelstufe. Linz: Veritas, 1995

Wicke, E.: Handeln und Sprechen im Deutschunterricht. München: Verlag für Deutsch, 1995

Wildner, P.P. (Hrsg.): Deutschunterricht in Österreich. Versuch eines Überblicks. Frankfurt am Main: Peter Lang GmbH, 1995

BRIGG VERLAG

Der Fachverlag für Lehrer/-innen

Kopiervorlagen und Materialien für Ihren Unterricht

Christa Koppensteiner
Wie Lernen funktioniert
Kopiervorlagen mit Lösungen

Koppensteiner Christa

Wie Lernen funktioniert
Strategien und Methoden zum besseren Lernen

208 S., DIN A4, kartoniert, Kopiervorlagen

Best.-Nr.: 264

Erfolg beginnt im Kopf!
Trainieren sie daher mit 89 Lerntipps die Aufnahmefähigkeit der Schüler/-innen!
Veranschaulichen Sie ihnen, wie Lernen funktioniert! Erprobte Kopiervorlagen helfen Ihnen, erfolgreich auf individuelle Lernprobleme Ihrer Schüler/-innen zu reagieren. Darüber hinaus erfahren Ihre Schüler/-innen, wie man schwere Texte verständlich aufbereitet oder wie man sich möglichst viele Informationen merkt.

Otto Mayr
Neue Aufgabenformen im Mathematikunterricht
Problemlösen und kreatives Denken

Mayr Otto

Neue Aufgabenformen im Mathematikunterricht
Problemlösen und kreatives Denken

136 S., DIN A4, Kopiervorlagen mit Lösungen

Best.-Nr. 276

Der neue Ansatz nach Pisa zur Lösung von komplexen Aufgaben- und Textstrukturen. Die neuen Aufgabentypen im Einzelnen: Fehleraufgaben, Aufgaben zum Weiterdenken, Aufgaben in größerem Kontext, Verbalisierung, offene Aufgaben, über- bzw. unterbestimmte Aufgaben, Rückwärtsdenken, konkretes Schätzen, Aufgaben zum Hinterfragen sowie Aufgaben mit mehreren Lösungswegen.
Mit diesem umfangreichen Materialangebot haben Sie die ideale Ergänzung Ihres Mathematikunterrichts im Sinne der neuen Aufgabenformen.

Deutsch – einfach und klar
Vernetzte Übungsformen für den offenen Deutschunterricht

Routil Werner / Zenz Johann

Deutsch – einfach und klar
Vernetzte Übungsformen für den offenen Deutschunterricht

208 S., DIN A4, kartoniert, Kopiervorlagen mit Lösungen

Best.-Nr. 274

Mit diesen vernetzten Arbeitsblättern decken Sie den Lernstoff des Deutschunterrichts (Lesen, Schreiben, Grammatik, Rechtschreibung) in der 5. Jahrgangsstufe ab. Aufgaben zur Differenzierung sowie Wortschatzkapitel bzw. Wiederholungsaufgaben zur Unterstützung lernschwächerer Schüler/-innen ermöglichen den erfolgreichen Unterricht in heterogenen Klassensituationen. Zu Ihrer Entlastung sind Schülerbeurteilungsbogen, Stoffverteilungpläne und Lösungen aufgenommen, so können Sie alle Kopiervorlagen in offenen Unterrichtsformen nutzen.
--> Weitere Bände in Vorbereitung

Methodenkompetenz und Lernorganisation
Planvolles Lernen und Arbeiten in der Schule und zu Hause

Potzmann Renate

Methodenkompetenz und Lernorganisation

Planvolles Lernen und Arbeiten in der Schule und zu Hause

140 S., DIN A4, kartoniert, mit Kopiervorlagen

Best.-Nr. 263

Lernen will gelernt sein!
Dieser Band bietet ein Programm zum Erwerb von Lernkompetenz für erfolgreiches schulisches und zukünftiges Lernen. Fachunabhängig wird das persönliche Lernen gefördert. In diesem Buch finden Sie eine Fülle an Trainingsvorlagen und Übungen zu den Bereichen:
- Lernorganisation
- Informationsbeschaffung und –erfassung
- Informationsaufbereitung und –verarbeitung
- Arbeits- Zeit- und Lernplanung

Jede Einheit ist in sich abgeschlossen und kann für sich und in beliebiger Reihenfolge durchgenommen werden.

Bestellcoupon

Ja, bitte senden Sie mir / uns mit Rechnung

____Expl. Best-Nr. ______________

____Expl. Best-Nr. ______________

Meine Anschrift lautet:

Name / Vorname

Straße

PLZ / Ort

E-Mail

Datum/Unterschrift

Bitte kopieren und einsenden an:

Brigg Verlag
Franz-Josef Büchler KG
Beilingerstr. 21

86316 Friedberg

☐ Ja, bitte schicken Sie mir Ihren Gesamtkatalog zu.

Bequem bestellen per Telefon / Fax:
Tel. 0821 / 78 09 46 60
Fax 0821 / 78 09 46 61
Online: www.brigg-verlag.de